**Gebrauchsanweisung
für Mecklenburg-Vorpommern
und die Ostseebäder**

Ariane Grundies

**Gebrauchsanweisung
für Mecklenburg-Vorpommern
und die Ostseebäder**

Piper München Zürich

Mehr über unsere Autoren und Bücher:
www.piper.de

Für meine Großeltern

ISBN 978-3-492-27569-9
© Piper Verlag GmbH, München 2009
Redaktion: Margret Plath
Karte: cartomedia, Karlsruhe
Satz: Fotosatz Amann, Aichstetten
Druck und Bindung: CPI – Clausen & Bosse, Leck
Printed in Germany

Wo de Ostseewellen trecken an den Strand,
wo de geele Ginster bleuht in'n Dünensand,
Wo de Möwen schriegen, grell in't Stormgebrus -
da is mine Heimat, da bün ick tau Hus.

Martha Müller-Grählert,
geboren am 20. 10. 1876 in Barth (Pommern)

Inhaltsverzeichnis

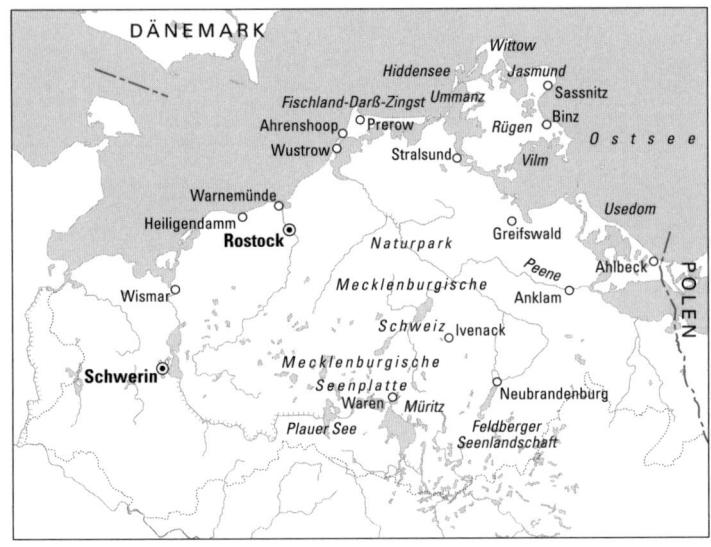

Vorwort: Wir sind ganz oben!

Im Alter von sechs Jahren war ich ziemlich sicher, gemeinsam mit meinem Sandkastenfreund Krischi nach Hiddensee auszuwandern, sobald wir nur das Geld für zwei Fahrkarten zusammenhätten. Ich wollte dort Sanddornpflückerin werden, Krischi Bernsteinjäger. Die Farbe Orange hatte es uns offensichtlich angetan, denn wenn Hiddensee eine Farbe oder ein Geschmack wäre, dann sanddornartig. Wir stellten uns vor, in einem der weiß leuchtenden Reetdachhäuser zu wohnen, die aus der Ferne wie ins Gras geworfene Perlen aussahen.

Doch unsere Zukunftsvisionen verblassten, je älter wir wurden. Plötzlich hockten wir in nirvanaesken Kordhosen und Holzfällerhemden im *Goldenen Anker* unter Bojen- und Fischernetzdeko, warfen Geld in die Jukebox, die abwechselnd *Junge komm bald wieder, Nachts auf der Reeperbahn* und *Für mich soll's rote Rosen regnen* dudelte, tranken *Störtebeker Starkbier* oder *Stralsunder Pils* und konnten es kaum erwarten, möglichst bald möglichst weit weg von hier zu kommen, wo man von einer roten Stadtmauer aus Backstein umgeben war und jeder, aber auch jeder Schulausflug ins hiesige Meeresmuseum oder das etwas weiter entfernte Kernkraftwerk Greifswald/Lubmin führte.

Als wir dann schließlich in Städten wohnten, die doppelt und dreifach so viel Einwohner hatten wie unser gesamtes Bundesland, da sehnten wir uns zurück nach Sanddorn und Bernstein und Backstein und vielleicht auch unter das große Walgerippe, das an der Decke des Meereskundemuseums baumelt und etlichen Stralsundern noch heute das Gefühl gibt, im Besitz von etwas ganz Besonderem zu sein.

Den Fischgestank wird man wohl nicht los, kommentierte mein Dozent Uwe Johnson in den *Jahrestagen.* Obwohl der Anklamer Johnson bereits in Amerika lebte, ließ er seine Protagonistin sagen: *Das Fischland ist das schönste Land der Welt.* Das Schönste am schönsten Land der Welt ist und bleibt der Fischgestank. Tatsächlich lag gleich hinter dem Schulhof meiner Grundschule der Hafen, und im Hafen standen große Räucheröfen, deren Qualm herüberzog und im Pionierhalstuch und in den gespendeten Zelten für Nicaragua hängen blieb. Wenn ich nach Hause kam, säuberte mein Großvater Barsche oder Aale und hängte sie in den eigenen Räucherschuppen, und am Abend kamen die Nachbarn und brachten Rollmops oder Flundern, und niemand hätte sich je vorstellen können, dass anderen Menschen

Bananen oder Kiwis oder Ketchup irgendwas bedeuten könnten.

Und die Ruhe, wie einem die Ruhe fehlen kann, wenn man Mecklenburg-Vorpommern verlässt. Sicher ist es kein Zufall, dass sich Menschen wie der dänische Stummfilmstar Asta Nielsen oder Angela Merkel (die schon mit den Worten *Ich schätze das Schweigen* zitiert worden ist) bei uns pudelwohl fühl(t)en. In der Ruhe liegt Kraft. Schon das vorpommersche Kind merkt schnell, dass Sprechen weder dazu da ist, eine gesellige Runde akustisch zu untermalen, noch um unnötige Informationen weiterzugeben. Plaudern und schwatzen sind Worte, die dort oben bis heute nicht zum aktiven Wortschatz zählen. Ich habe sie zum ersten Mal gehört, als ich zwanzig Jahre alt war. Ihr Klang hatte in meinen Ohren etwas Unanständiges.

Sollte ein Fremder in Mecklenburg-Vorpommern auf die Idee kommen, jemanden anzusprechen, zum Beispiel eine Verkäuferin hinter der Theke des *Rügenbacks*, in etwa so: *Ich hätte gern ein Roggenbrot oder etwas mit Sonnenblumen. Haben Sie so was da?*, wird die Bäckerin dem Fremden stumm etwas einpacken und ebenso stumm den Preis in ihre Kasse tippen. Hat sie nichts dergleichen vorrätig, wird sie keine Alternative vorschlagen, sondern antworten: *Nee*.

Ich war verwundert und zutiefst verunsichert, als ich in Leipzig ankam und fortan ein Redeschwall auf mich einprasselte, wenn ich nur ein Stück Kuchen kaufen wollte. Ich hatte das Gefühl, alle quatschen mich zu und bringen mich ständig in den Zugzwang, etwas sagen zu müssen, aber niemand hatte mir beigebracht, was man erwidert, wenn ein bisschen geplaudert wird. Plaudern auf mecklenburgisch geht nämlich so:

In den Himmel blickend: *Klärchen* (Sonne) *lässt sich wohl nicht mehr blicken.*

Schulterzuckend: ... *Nö.*

Schulterzuckend: *Wat soll's!?*

Vom Redepartner wegdrehend: *Wird schon wieder kommen, wenn se wat will.*

Ebenfalls umdrehend: *Jo.*

(Ungekürzt.)

Aber weil sich in Mecklenburg-Vorpommern, entgegen allen Vorurteilen, die Dinge doch verändern, wenn auch, zugegeben, etwas langsamer, haben einige Dienstleister begriffen, dass eine kleine Unterhaltung mit dem Kunden durchaus verkaufsfördernd wirken kann. Dabei verzichtet der Meck-Pommer auf Lug und Trug, redet nicht lang um den heißen Brei herum, sondern ist kompromisslos ehrlich. Wenn mir unter einem der grünen Wernesgrüner-Sonnenschirme auf dem Alten Markt in Stralsund die Bedienung auf meinen Hinweis, dass der Milchkaffee irgendwie seltsam schmeckt, antwortet: *Ja, ich habe auch schon eine Minute daran gerochen. Die Milch ist eben schon ewig auf, ich habe auch probiert, war mir aber nicht sicher...* oder wenn einem in einem Rostocker Café nach Bestellung eines Glas Leitungswassers ein Brief vom Chef vor die Nase gehalten wird, in dem es heißt: *Gehen Sie nach Hause, stellen Sie die Heizung ab, drehen Sie die Glühbirnen raus und entnehmen Sie Ihr Getränk der Regentonne. Dann haben Sie alles umsonst und belasten nicht unsere Wirtschaft mit Ihrer Einstellung,* dann frage ich mich schon, wie solche doch brutal offenen Äußerungen wohl auf den unvorbereiteten Touristen wirken. Wird er Mecklenburg-Vorpommern für unwirtlich halten, nur weil jemand ehrlich ist?

Aber was zählt ein Milchkaffee oder ein Glas Wasser, wo Wildgänse und Kraniche geräuschvoll über leuchtend gelbe Rapsfelder hinwegfliegen, wo sich Emmas (so heißen laut Tucholsky alle Möwen) in die See stürzen, wo man in gastronomischen Einrichtungen ein spannendes Crossover aus maritimem Chic mit spanischen oder französischen Elementen und sozialistischen Kunstblumen erwarten darf? Was zählt ein unvereistes Eis, wenn man aus einer ihresgleichen nicht findenden Bandbreite an Sanddornprodukten wählen kann? Ein unvereistes Eis ist im Vergleich zu Ostsee satt und dem bis 1647 vierthöchsten Kirchturm (Marienkirche Stralsund) der Welt nichts, aber auch gar nichts wert. Alte Hansestädte mit Seefahrercharme, der mancherorts in Mecklenburg-Vorpommern fälschlicherweise mit Ostcharme verwechselt wird, brauchen kein unvereistes Eis. Kulinarisch ist man hier sowieso etwas weniger anspruchsvoll.

Als ich zum fünfzigsten Geburtstag meiner Mutter für die Verwandtschaft ein französisches Menü kochen wollte, bekniete sie mich verzweifelt, es sein zu lassen. *Versau es mir bitte nicht! Du weißt doch, dass sie nur Fisch- und Käsebrötchen und Bockwurst wollen. Wir machen das nun mal immer so!*

Ja, keine Extrawürschte, für niemanden. So machen wir's immer. Als 1991 Angela Merkel meinen Bruder, der sich gerade in der Kochausbildung befand, fragte, ob sie sich zwei Bockwürste vom Büfett einpacken dürfe,

antwortete er: *Aber nur zwei, die anderen sind für Ines'*
Hund. Angela wagte keinen Widerspruch und packte
sich für den steinigen Weg, der zweifelsohne vor ihr lag,
zwei Bockwürste in Alufolie. Als Dank für die Güte
meines Bruders schleppt sie noch heute regelmäßig
hohen Besuch ins Land, der auch nicht mit einem französischen Menü, sondern mit Spanferkel oder Zander,
dem bestenfalls eine Zitrone im Maul steckt, verköstigt
wird. Bodenständigkeit nennt man das. Authentizität.
Auch die Bundeskanzlerin weiß, wenn Mecklenburg-
Vorpommern einen erst mal am Wickel hat, lässt es einen
nicht mehr los, dann gerät man schnell in die Versu-
chung zu behaupten, das Fischland wäre das schönste
Land der Welt. Nicht dem Stress allzu vieler Konven-
tionen unterworfen zu sein macht Mecklenburg-Vorpommern zu einer ungemein entspannten Region,
in der man den Blick für Wesentliches, zum Beispiel die
Natur, behält. Als sich die Medien weltweit fragten, ob
der Zaun, der zum G-8-Gipfel um das älteste deutsche
Seebad Heiligendamm herum errichtet wurde, die
Sicherheit der Politiker garantieren kann, versicherte
die mecklenburgische Polizei der Presse: *Wenn ein Hase*
davor hoppelt, merken wir das.

Mecklenburg-Vorpommern, gekrönt mit dem Wer-
beslogan *MV tut gut*, gehört mittlerweile nicht mehr nur
bei amerikanischen Präsidenten und G8-Gegnern zu den
beliebtesten Zielen im Land. Was genau an Mecklenburg-
Vorpommern guttut, lässt sich pauschal nicht sagen. Es ist
für jeden etwas anderes, und jeder muss es selbst herausfinden. Der eine knattert mit seinem Motorrad über das
Kopfsteinpflaster der uralten Kastanienalleen, während

sich ein anderer das Kopfstein per Kutsche gibt. Einer stellt sich in den Wind, der am Pommesstand des Kreidefelsens weht, und der andere setzt sich in die gemütliche *Teeschale* in Prerow auf dem Darß und futtert selbst gebackenen Rhabarberkuchen. In diesem Sinne ist es ganz und gar ein Land der unbegrenzten Möglichkeiten.

Schon Bismarck meinte: *Wenn die Welt untergeht, dann gehe ich nach Mecklenburg, denn da geht sie fünfzig Jahre später unter.* Die Uhren an den Kirchtürmen, Juweliergeschäften und Sparkassen ticken hier anders. *Ümmer mit de Rauh mien Schieter*, pflegte man mir auf Nachfragen jeglicher Art zu antworten. *Schieter*, also Scheißer, werden in Vorpommern all die genannt, die einem besonders am Herzen liegen – *Das lässt tief blicken*, findet meine Freundin. Wegen der anders tickenden Uhren, sollte sich der gemeine Tourist auch nicht wundern, wenn er einen ganzen Tag auf einem leeren Amt verbringt, um eine Touristenangelerlaubnis zu bekommen. Dabei sollte er sich stattdessen bewusst machen, dass es von Mecklenburg-Vorpommern sehr fortschrittlich ist, auch Menschen ohne eine bestandene Fischereiprüfung das Angeln zu erlauben. Und spätestens wenn dann die Billigangel im Sund hängt und man darauf wartet, dass ein Hecht anbeißt, erkennt man, dass Warten hier System hat. Man wartet, und es tut gut, weil man weiß, irgendwann wird schon irgendwie irgendwas klappen.

Als ich es geschafft hatte, dem platten Land zu entkommen, dachte ich, ich würde fünfzig Jahre nicht mehr nach Mecklenburg gehen. Aber allein wegen des orangefarbenen Hiddensees dauerte es nicht mal fünf Monate, bis ich wieder vor der Tür stand. Der Fischgestank klebt an mir wie eine Lederhose am Bayern oder eine Maultasche am Schwaben.

Mecklenburg-Vorpommern besteht nicht nur aus Zeltplätzen, auf denen Randalierer ihr Unwesen treiben und sich mit Wernesgrüner besaufen. Nicht alle Meck-Pommer sind kahlköpfige Nazis, deren Mütter in Kittelschürze am Gartentor stehen. So will es nur das ein oder andere Klischee. Und in Mecklenburg-Vorpommern, liebe Otterndorfer Lyonsclubmitglieder, die ihr mich einst eingeladen und ausgefragt habt, spricht man auch kein Sächsisch. Mecklenburg-Vorpommern ist nicht nur eine unerschöpfliche Inspirationsquelle für Künstler, sondern auch Muse vieler Vorurteile. Doch, ich bin schon überrascht von den Vorstellungen über Mecklenburg und Vorpommern, die mir immer wieder in absurden Fragen und auch Feststellungen begegnen.

Wow! Leute! Von der Schweiz nach McPom umziehen, das ist so, als wenn man von Monaco in den Kosovo zieht. Alle Achtung – da muss man schon missionarisch drauf sein, oder? Gruß, Brande (Internetforum).

Mir scheint mein Bundesland für andere ein einziges Rätsel zu sein. Wo fahren die denn hin, wenn sie mal shoppen wollen? Es gibt ja nur eine Großstadt. Warum heißt das Bier *Störtebeker*, und wer war Wallenstein? Warum soll man nach Hiddensee, wenn es Sylt gibt? Wo trifft sich Merkel mit ihren mächtigen Männern zum Spanferkelessen? Warum sieht es beim Kreidefelsen nicht so aus wie auf dem Caspar-David-Friedrich-Gemälde? Was ist der Unterschied zwischen Mecklenburgern und Vorpommern? Sagt man Meecklenburg, Mäcklenburg, StralSund, Strahlsund oder Roschtock?

Roschtock, sagt meine Oma. *Ausschreitungen in Roschtock. Sei froh, dass du nicht mehr hier bist. Hier ist was los!* In der Tat scheint seit meinem Weggang vor zehn Jahren in Mecklenburg-Vorpommern eine Aufregung nach der anderen durchs Land zu ziehen. Ein jeder kommt hierher. Dagmar Frederik und George W. Bush geben sich die Klinke in die Hand. Und ich bin nicht mehr dabei. Ich sitze in einer großen Stadt und falle auf das arrogante Augenrollen meiner Freunde und Feinde herein, wenn ich meine Herkunft erwähne. Dann roll ich mit den Augen mit, obwohl ich es besser wissen müsste. Denn in Mecklenburg-Vorpommern muss man doch nur wissen, den Blick dahin zu richten, wo die Natur schön genug und das Verhalten der Menschen skurril genug ist. Schönheit und Skurrilität liegen immer im Auge des Betrachters. Also mich wundert's nicht, wenn Stralsunder den *Real Allkauf* und die *Weiland-Buchhandlung Goethe-Buchhandlung* nennen. Ich weiß, dass zehn Jahre knapp bemessen sind, um sich an einen neuen Namen zu gewöhnen. Hingegen selbst mich irritiert, wenn ich noch immer das Wort Flachstrecke für Kommode oder Sideboard höre, dessen Verfallsdatum schon deutlich länger abgelaufen sein dürfte.

Ich glaube, es hat noch niemand so recht verstanden, dass in Zukunft hier die Musik spielen wird. Denn gegen die Natur kommt keiner an. In den hektischen Zeiten, die vor uns liegen – fünf Minuten mit dem Handy zu telefonieren schüttet so viel Stresshormone aus wie ein fünfzehnminütiger Streit –, werden sich die

G 8 und andere schon bald zurück in die Mecklenburger Landschaft und die Seebäder Vorpommerns sehnen.

Und trotzdem habe ich meine Sanddornpflückerkarriere an den Nagel gehängt, bevor sie wirklich begonnen hat, und Krischi jagt anstatt Bernstein vorerst rauchende Schüler auf einem niedersächsischen Schulhof. Wir tun so, als machten wir alles richtig. Sprechen wir über Stralsund, können wir nicht oft genug betonen, wie froh wir sind, dort nicht mehr zu wohnen. *Da kommt ja keiner in die Pötte. Ihr Dilemma ist die Unflexibilität. Und es ist nichts, absolut nichts los da oben.* Wir wissen, dass wir lügen. Die Leute haben neuerdings Scharfschützen in ihren Wohnzimmern, verschweißte Briefkästen, müssen ihr Grundstück für Zaun-aufstellen-Üben hergeben, rufen bei toten Vögeln gleich das BKA an, vermieten – nahezu jeder tut das – im Sommer eines ihrer Betten an Sachsen oder Saarländer oder irgendwas anderes. Und meine Nachbarin ist davon überzeugt, dass sie eines Tages die deutschen Saunameisterschaften, die alljährlich in Stralsund ausgetragen werden, gewinnen wird. Und wenn sie diesen Titel erst einmal ausgesessen hat, dann ist der Beweis erbracht, dass da oben nun wirklich alles möglich ist.

Die Bewohner

Kurzer Abriss der Geschichte

Würden Captain Hook und Pippi Langstrumpf eine Weile in Deutschland leben müssen, käme für sie kaum etwas anderes als Mecklenburg-Vorpommern infrage. Die Küste des Landes und die Inseln bieten seit jeher gute Verstecke für die Schiffe und Schätze der Seeräuber und Piratenkinder. Was dem ungeübten Auge wie ein langweiliges, brachliegendes Bundesland erscheinen mag, ist nämlich umspült von einem stillen Wasser, das sehr, sehr tief ist. Schon Mecklenburg-Vorpommerns Geschichte, in der Piraten und Wikinger das Sagen haben, verrät, dieses Land ist wild und voller versteckter Schätze.

Nachdem sich die Germanen gen Süden verabschiedet hatten, besiedelten Slawen den Landstrich des späteren Mecklenburg-Vorpommerns. Sie fühlten sich sehr wohl in der Region und errichteten zum Dank viele slawische Burgwälle für die heutigen Touristen. Weil der Meck-Pommer aber ein Küstenmensch ist, durfte er nicht durch und durch slawisch geprägt sein, fanden zumindest ein paar Wikinger und fuhren mit ihren großen Holzschiffen vor. Sie mischten sich und etwas ihrer nordischen Kultur unters Volk und blieben so lange, bis ihrer Meinung nach genügend echtes Wikingerblut in meinen Vorfahren zirkulierte.

Bis ins 12. Jahrhundert war Mecklenburg-Vorpommern Stammesgebiet der Abodriten, aus denen ich in einer Geschichtsklausur versehentlich Aborigines machte. Meine Geschichtslehrerin erklärte damals, dass ich, wenn ich Probleme mit den Abodriten hätte, auch Obodriten sagen könne, das sei das Gleiche. Es würde sich in jedem Fall um einen westslawischen Stamm handeln, dessen Fürst Niklot von Heinrich dem Löwen besiegt worden sei. Heinrich der Löwe schrieb sie unter den Stichpunkt *Einflussreiche Personen UNSERER Geschichte* an die Tafel.

Heinrich der Löwe gründete nach seinem Sieg über die Obodriten Ende des 12. Jahrhunderts die erste Stadt in Mecklenburg-Vorpommern, wohl ahnend, dass sie nach der deutsch-deutschen Wiedervereinigung das Zeug zur Landeshauptstadt haben würde: Schwerin. Schon damals von Wasser und Moor begrenzt, formuliert man heute werbestrategisch geschickt: *Stadt der sieben Seen!*

Fortan wurden weitere Städte gegründet. Um den Stralsunder Touristenführern, Geschichtslehrern und nicht zuletzt mir eine Freude zu machen, verlieh kein Geringerer als Wizlaw I. meiner Stadt 1234 das Stadtrecht. *1-2-3-4 — ist das nicht witzig?*, fragen unisono die Touristenführer, Geschichtslehrer und auch ich traktiere damit diejenigen, die es bisher noch nicht gewusst und wahrscheinlich auch nicht danach gefragt haben.

Mecklenburg-Vorpommern muss lange sehr beliebt gewesen sein, denn ab dem 13. Jahrhundert wurde die Region ständig unter Dänen, Schweden, Polen, Fürsten und Herzögen neu verteilt. Nur Heinrich (IV.) der Dicke, dessen Namen ich mir im Geschichtsunterricht gut zu merken wusste und der es ebenfalls auf die Liste der einflussreichen Personen schaffte, regierte Mecklenburg im 15. Jahrhundert nochmals als einheitliches Herzogtum.

Die friedliebenden Einwohner der neu gegründeten Städte betrieben Handel, Imkerei, Ackerbau, Viehzucht und Fischerei. Das klingt harmonisch, und das hätte es auch sein können, hätte es nicht zunehmend all die aufdringlichen Captain-Hook-Typen gegeben. Um sich gegen die Seeräuber zu wehren, schlossen sich entlang der Ostseeküste ein paar Städte zusammen. Rostock, Stralsund und Wismar gehörten zu den Gründungsmitgliedern der sogenannten Städtehanse. Die Hanse ließ Köpfe rollen, machte Dörfer zu Städten und ihre Bewohner zu Millionären. Schon bald hatte sie so viel Kohle, dass die Kirchtürme in ihren Städten höher und höher in den Himmel wuchsen und die Fassaden der Gebäude in wunderschön rotem Backstein leuchteten, kurz: Die Hanse mauserte sich zu einem ungemein erfolgreichen Städtebund. Auf dem Höhepunkt der

Hanse zählten hundertachtzig Städte in ganz Nordeuropa zu ihren Mitgliedern. Gehandelt wurde mit Getreide, Pelzen, Wachs und Honig, mit Fisch aus Skandinavien, Tuch und Wolle aus England, Wein aus dem Rheinland, Salz aus Lüneburg. Niederdeutsch wurde zur Handelssprache. Aber nicht nur der Handel ließ die Taler in den ledernen Säckchen der Ratsherren klingeln, auch der Schiffbau florierte. Die Kogge, ein neuer Schiffstyp, zeigte auf den Weltmeeren Flagge. Es war die große Zeit der Segelschifffahrt.

Die Hanse verfolgte ihre rein wirtschaftlichen Interessen und hielt sich weitestgehend aus machtpolitischen Fragen heraus. Das, im Übrigen, entspricht unbedingt der meck-pommerschen Mentalität, denn es gilt der Spruch, der selbst in der Hochzeitszeitung meiner Eltern seinen Platz gefunden hat: *Sup di full und frät di dick und hol din Mul von Politik* (Sauf dich voll und friss dich dick und halt dein Maul von Politik).

1419 eröffnete in Rostock die erste Universität Nordeuropas mit dem klangvollen Namen *Leuchte des Nordens*. Offensichtlich studierten aber nicht genügend Meck-Pommer an der neu gegründeten juristischen Fakultät, und so waren sie auch nicht in der Lage, sich den Interessen ihrer regierenden Fürsten juristisch zu widersetzen. Die zunehmende Territorialgewalt sollte schließlich einer der Faktoren sein, die im 15. Jahrhundert zum Machtverlust der Hanse führten.

Knapp zweihundert Jahre zogen ins Land. Es war mitten im Dreißigjährigen Krieg, dem schon zwei Drittel der Einwohner des Landes zum Opfer gefallen waren. Albrecht Wenzel Eusebius von Wallenstein hatte große

Teile Deutschlands und Mecklenburgs erobert und tauchte nun vor den Toren Stralsunds auf. Der Legende nach soll Wallenstein über mich und die anderen Einwohner meiner Stadt gesagt haben:

Sie sind schlimme Kerls, widerwärtig und rebellisch, lose Buben, denen nicht zu trauen ist, Schelme, Bösewichte und Bestien. Ich werde nach Stralsund kommen und nicht eher abziehen, bis die Stadt eine katholisch-kaiserliche Garnison aufgenommen hat, oder ich werde es so machen, dass nichts von ihr übrig bleibt. Und wenn sie mit Ketten an den Himmel gebunden, die Stadt muss herunter.

Wallenstein belagerte die Stadt, doch *herunter* bekam er sie letztendlich nicht, denn den losen Buben eilten dänische und schwedische Buben zu Hilfe.

Für Pommern begann anschließend die Schwedenzeit, die sich dadurch auszeichnete, dass Schweden regierte. Später übernahmen peu à peu die Preußen. Das war dann die Preußenzeit.

In Mecklenburg regierten die zwei Großherzogtümer Mecklenburg-Strelitz und Mecklenburg-Schwerin. Die Unzufriedenheit über die politischen Verhältnisse löste eine Auswanderungswelle aus. Zweihundertfünfzigtausend Mecklenburger verließen zwischen 1850 und 1900 ihre Heimat. Die meisten von ihnen nach Übersee.

Schweden ließ es erst 1903 endgültig gut sein, indem es vertraglich auf die Einlösung ihres Pfandes (Hansestadt Wismar) verzichtete. Die Skandinavier gehören bekanntlich zu den fortschrittlichen, modernen Nationen, so war ihnen das Terrain Mecklenburg-Vorpommerns am Ende wohl nicht geheuer, denn dort scheiterte die bürgerliche Revolution, und als einziges Gebiet blieb es bis Anfang des 20. Jahrhunderts ohne moderne Verfassung. Und sogar bis Ende 2007 ohne ein schwedisches Möbelhaus.

Am Ende des Zweiten Weltkrieges wurden Mecklenburg und Pommern das erste Mal zu dem, was sie heute sind: Mecklenburg-Vorpommern. Mecklenburg-Vorpommern als solches existierte jedoch nur zwei Jahre, 1947 wurde die Bezeichnung (Vor)Pommern verboten.

Die DDR tat ein Übriges; sie teilte unter anderem Mecklenburg-Vorpommern in fünf Regierungsbezirke, ließ ergrauen, was ergraute, legte den Bauern und Bäuerinnen nahe, sich einer landwirtschaftlichen Produktionsgenossenschaft (LPG) anzuschließen, und verstaatlichte Hotels, Taxi- und Dienstleistungsunternehmen entlang der Ostseeküste. Aber dann endlich, 1990, dank der Sachsen und ihrer revolutionären Ader, die ganz besonders montags pulsierte, wuchs zusammen, was zusammengehört: Mecklenburg-Vorpommern.

Charakter und Erscheinungsbild

Was ist das eigentlich für ein Mensch, der Küstenmensch, der auf sämtlichen Fotos in den Dünen steht und den Blick durchgeistigt auf den Horizont richtet, der seine Liebsten *Schieter* und *Frostköttel* nennt und in seinen Märchen die Frauen in einem Pisspott wohnen lässt? Das Märchen selbst, *De Fischer un sin Fru*, vom Wolgaster Otto Runge an die Grimms verhökert und 2007 von

Doris Dörrie verbraten, gibt einen ersten Anhaltspunkt. Bescheiden ist der Meck-Pommer. Will er wie im Märchen gar Papst oder Gott werden, wird er auf den Boden der Tatsachen zurückgeholt. Der Boden der Tatsache bleibt seine Herkunft.... *so trägt der Mecklenburger, auch wenn er zum Städter ward, noch ein Stück Ackerkrume mit sich herum*, behauptete der Rostocker Schriftsteller und spätere Direktor des Wiener Burgtheaters Adolf Wilbrandt.

Diese Ackerkrume klebt selten an einem hohen Absatz einer Meck-Pommerin. Absätze sind auf den Kopfsteinpflastern der hiesigen Hansestädte und dörflichen Marktplätze oder gar auf ländlichen Feldwegen viel zu unpraktisch. Praktisch dagegen sind Stirnbänder bei den Damen und tiefblaue Prinz-Heinrich-Mützen bei den Herren. Eine Art Kapitänsschirmmütze mit Kordelbandverzierung. Dazu trägt der Küstenmann Bart, meistens voll. Schnauzer, modische Linienführungen oder gezwirbelte Kunst finden Sie unter Einheimischen nicht. *Der Mecklenburger lässt sich nicht leicht zu Extravaganzen hinreißen. Sein Charakter hat einmal nichts von einem revolutionären Elemente an sich* (David Russa).

Auch die Küstenfrau verzichtet auf gar zu viel Tüddelüt. Aufbrezeln hält sie für eine bayerische Art zu backen. Überladene Perlenketten, funkelnde Ohrringe und dicke Klunker liegen bei ihr gut aufgehoben in der Nachttischschublade. Der Unterschied zu anderen norddeutschen Damen besteht darin, dass die Meck-Pommerin niemals in schniekem Matrosenlook anzutreffen ist. Das wäre ihr irgendwie zu – dämlich. Von ihren Landsleuten bekäme sie dazu ein verächtliches

Wat hest du dor antreckt? (Was hast du denn da angezogen?) zu hören. Einer der Lieblingswitze der Meck-Pommer geht so: Treffen zwei Nullen am Ostseestrand eine Acht. Sagt die eine Null zur anderen: Schau mal dieses eitle Ding an. Trägt bei der Hitze noch einen Gürtel. Über die zweckmäßige Bekleidung der meck-pommerschen Damen beschwerte sich seinerzeit Walter Behrend wie folgt:

Die Rostocker Frauen machen im Durchschnitt in ihrer ganzen biederen Haltung und Kleidung durchaus den unantastbaren Eindruck der tüchtigen deutschen Hausfrau. Fern von allem erotisch leichten, gefälligen Air geben die norddeutschen Damen in der Regel das absolute Exempel der unwiderruflichen Zweckmäßigkeit und Nüchternheit ihrer Weiblichkeit, nicht etwa das der planmäßigen Aufreizung und Eleganz, auf die es doch schließlich ankommt.

Nüchtern und irgendwie zweckmäßig ist auch der Humor der Menschen dieser windigen Region. Im Allgemeinen werden Ihnen weder Frau noch Herr Meck-Pomm lächelnd auf der Straße begegnen. In ihren Gesichtsausdrücken liegt eher etwas wie Verwunderung oder Skepsis, auch wenn der Meck-Pommer selbst den Spruch: *Dat Läwen is väl tau kort för een langet Gesicht* (Das Leben ist viel zu kurz für ein langes Gesicht) zum Platt-Sprichwort des Jahres 2008 gewählt hat. Böse Zungen nennen den landestypischen Gesichtsausdruck Spott. *Über seine Züge fliegt dem neugierigen Frager gegenüber oft ein flüchtiger Schein, der es verrät, wie sehr er sich innerlich über ihn lustig macht,...* (C. Beyer). Der Meck-Pommer amüsiert sich, ohne zu lachen. Treffen Sie tatsächlich mal auf eine größere Ansammlung von Meck-

Pommer, um nicht zu sagen, auf eine kleine Gesellschaft, geraten Sie vielleicht in die Verlegenheit einen Witz nach dem anderen zu probieren, weil schon bald Ihr Ehrgeiz geweckt ist, diesen sturen ernsten Gesichtern ein Lächeln zu entlocken. Die lächeln aber allerhöchstens nur so ein bisschen, und dann auch noch in sich hinein, und doch könnte es passieren, dass Ihnen zum Abschied jemand die Hand auf die Schulter legt und sagt: *Dat hest du oewer fien makt. So gaut häv ick mi lang nich amüsiert* (Das hast du aber schön gemacht. So gut habe ich mich schon lange nicht mehr amüsiert). Loriots Vorfahren stammen übrigens aus Mecklenburg-Vorpommern. Und immerhin leben nicht wenige Meck-Pommer in Städten die auf -*witz* enden.

Pragmatisch sind sie, die Meck-Pommer. Sie neigen nicht zum Problematisieren. Das kann man wirklich nicht sagen. Für jedes, aber auch jedes Problem gibt es eine zweckmäßige Lösung: *De nich old warn will, mütt sik jung uphängen* (Wer nicht alt werden will, muss sich jung aufhängen). Aus Abschieden scheint der Meck-Pommer generell keine allzu große Sache machen zu wollen. Wessen Familienmitglieder tagelang zur See gefahren sind, weiß mit einem Ahoi umzugehen.

Der Nachwendefilm *Go Trabi Go* hatte ein ganz patentes Castingteam. Der Film um das DDR-Kultauto wäre nämlich grandios gefloppt, hätte man anstelle des fröhlich-sächsischen Pärchens eine Meck-Pommer-Familie nach Rom geschickt. Mit ihrem schwerfälligen melancholischen Temperament hätten sie sich durch die engen Gassen gequält, über die Anstiege, die *Berge,* geschimpft und sich für ganz besonders *swienplietsch* (pfiffig) gehalten, weil sie durchschaut hätten, dass man sie in diesem Land mit einem viel zu dünnen Pizzateig übers Ohr zu hauen versucht. Mit einer großen Portion Trotz hätten sie ihre sechs Zentimeter dicken Käsebrote und Wurststullen herausgeholt und ihr zu Hause schmerzlich vermisst. So bittet auch schon der Name eines bekannten Gasthauses in Bad Stuer am Plauer See stellvertretend für alle Einwohner des Landes: *Schweig mir von Rom.*

Und doch haben die Meck-Pommer mit den Italienern etwas gemeinsam: die Gastfreundlichkeit. Auch wenn den ein oder anderen Touristen in Mecklenburg-Vorpommern bei der Inanspruchnahme öffentlicher Dienste das Gefühl beschleicht, er solle sich jetzt lieber schleunigst vom Acker machen, so seien Sie doch gewiss, dass der Meck-Pommer im Herzen, ganz wie seine slawischen Vorfahren, ein gastfreundlicher Menschenschlag ist. Seine flache Landschaft hilft ihm dabei, sich dieses Gut zu bewahren, denn so sieht der Meck-Pommer *schon Donnerstag, wer Samstag zu Besuch kommt.* Mit Überraschungen und Spontaneitäten kommt der Meck-Pommer schlecht zurecht. Niemand will stören, und niemand wird gern gestört. Ein klassischer Fall von falscher Rücksichtnahme, ein Missverständnis meines Erachtens. Denn ich bleibe bei meiner Behauptung, der Meck-Pommer ist gastfreundlich. Gastfreundlich und hilfsbereit, auch wenn Sie kaum wagen, das mürrische Gesicht auf den Straßen Mecklenburg-Vorpommerns nach der Zeit zu fragen. Und auch wenn Thomas Kantzow in seiner *Pomerania* die Behauptung aufstellt: *Es sind die Einwohner des Landes sehr ein zänkisch und mord-*

tisch Volk…, Sie müssen wissen, Meck-Pommer ab sechsundzwanzig sind vom Timurtrupp geprägt. In Anlehnung an das russische Buch *Timur und sein Trupp* taten sich in der DDR Jungpioniere zusammen und boten alten und kranken Menschen ihre Hilfe an. Und Gewohnheiten kann man ja nicht einfach aus dem Fenster werfen.

In dem ganzen Verhalten des Meck-Pommers liegt nur manchmal etwas schwer Durchschaubares. 14 Euro für einen Glühwein in Heiligendamm (so war's gewesen!)? Ein Haus, das kopfsteht (auf Usedom zu finden!)? Für eine noch größere Irritation sorgte zum Beispiel der langjährige Ministerpräsident Harald Ringstorff, als er bei der Landtagswahl 2006 mit dem Slogan *Den Erfolg fortsetzen* warb. Welchen Erfolg fragte man sich. Ein böser Freund nannte das meck-pommersche Verhalten *leicht schizophren*, ein anderer nennt es *doppelmoralisch*. Ich nenne das gar nicht, aber ich mache Beobachtungen. In einem Restaurant war meiner Oma sehr unangenehm, dass ich eigens die Kerze anzündete (*Das darf man doch nicht. Das muss die Bedienung machen!*), aber bei einem Krankenbesuch öffnete sie wie selbstverständlich das Sicherheitsfenster in der Notaufnahme (Ich: *Oma, das geht doch nicht. Das muss die Schwester machen!* Oma: *Geht alles*).

Der Meck-Pommer schwört in allen Bereichen seines Lebens auf Altbewährtes. Er verabscheut Veränderungen, die allzu plötzlich über ihn hereinbrechen. Er weiß gern, wie der Hase läuft, und so wird er in der Großstadt den Bus als öffentliches Transportmittel für eine Strecke wählen, die mit der U-Bahn in der Hälfte der Zeit zu schaffen wäre. Diskussionen über Entscheidungen wie diese sind mit dem Meck-Pommer anschließend nicht zu führen, denn er wird auf die Frage nach seinen Gründen wie immer antworten: *Das ist nun mal so. Weil ich das immer so mache. Weil das schon immer so war und auch immer so bleiben wird.* So entstehen zuweilen absurd wirkende Aussagen wie diese (gehört, als im April 2006 noch mal Schnee fiel): *Ich schipp, wenn sich das gehört, und nicht wenn Schnee fällt.* Die starrköpfigen Vorpommern und schweigsamen Mecklenburger selbst würden derlei Thesen über sich wahrscheinlich wie folgt von sich weisen: *Es gibt immer solche und solche!*

Aus diesem Es–gibt–immer–solche–und–solche-Leitspruch lässt sich eine weitere Tugend ableiten, deren Qualität und Vorzug dem Meck-Pommer womöglich gar nicht recht bewusst ist: Toleranz. Auch wenn man die Leute da oben in Nordost mit ostdeutscher Fremdenfeindlichkeit verbindet, so muss ich sagen, dass die Menschen in Mecklenburg-Vorpommern ganz ausgesprochen tolerant sind. Hier atmet die Attitüde: *Soll'n Se doch maken, wat se will'n.* Das ist zwar einerseits sehr löblich und kam mir damals sehr entgegen, andererseits zeugt das auch von einem gewissen Desinteresse allem gegenüber, was ihnen fremd ist. Und weil sie vor Fremdem, Anderem, Neuem oft eine wirklich panische Angst zu verspüren scheinen, versuchen sie es nicht selten mit einem etwas abschätzigen, man möchte fast sagen, arroganten Gesichtsausdruck. Von dem sollten Sie sich jedoch nicht, wie Theodor Fontane, ins Boxhorn jagen lassen. Fontane fiel darauf herein und verfasste offensichtlich leicht beleidigt folgende Zeilen:

Ich kann den Dünkel, daran sie kranken, nicht ganz un-
berechtigt finden. Sie haben unbestreitbar eine wundervolle
Durchschnittsbegabung, werden aber ungenießbar dadurch, dass
sie einem dies Durchschnittsmäßige, dies schließlich doch im-
mer furchtbar Enge und Kleinstädtische, als etwas Höheres, als
das eigentlich Wahre aufdrängen möchten. Das nennen sie dann
Humor, wenn sie plötzlich mit einem ziemlich unverschämten
Gesicht, aus ihrem Mustopf heraufgucken.

Also, warum nennt nun der Meck-Pommer seine Liebsten *Schieter*? Die Faustformel lautet: Je gröber die Ausdrucksweise, desto liebevoller gemeint ist das Gesagte, meistens. Dabei gibt es zweifellos einen Hang zur Fäkalsprache und zu spröden Liebesschwüren. Meckpommersche Liebesdialoge klingen dementsprechend in etwa so:

Nu kam her man!

Wat willste schon wedder von mie?

Na wat soll ick denn schon will'n, he? Dat will ick. Nu hev
die nich so. Kam her Minsch!

Berliner Schnodderigkeit?! Pff, schon mal was von meck-pommerscher Gnatzköpfigkeit gehört?

Und auch wenn die Worte in Mecklenburg-Vorpommern knapp bemessen sind, so zählt jedes einzelne umso mehr. Davon schwärmt ein schwäbischer Gutshausbesitzer in einem Rotary-Magazin: *Ich habe hier* (in Mecklenburg) *im Laufe der Jahre über 2000 Notarverträge geschlossen, und nicht ein einziges Mal hat jemand nach erfolgtem Handschlag noch irgendetwas ändern wollen, wenn es zur Beurkundung ging.*

Merke! Der echte Mecklenburger ist entweder schon als Kind zu ernstem Denken geneigt und macht einen älteren Eindruck, oder er bleibt ewig ein Kind. (Marx Möller, Schriftsteller)

Wie Sie einen waschechten Meck-Pommer enttarnen:
Sie befinden sich in einem Ort, der auf -witz, -ow oder -in endet. Dort betätigen sie einen Klingelknopf über dem Namensschild Freetwurst oder Hafenmeister. Jemand öffnet mit leicht verstörtem Blick, gibt Ihnen zur Begrüßung die Hand. Er bittet sie rein. Auf seiner Fensterbank liegen Hühnergott und Donnerkeil. Herr Hafenmeister oder Frau Freetwurst serviert ihnen Kümmel, fängt einen Small Talk an, in dem er/sie Ihnen den Unterschied zwischen Kranich und Kormoran oder Scholle und Flunder erklärt. Auf Fragen antwortet er/sie kurz und knapp mit Ja oder Nein. Nach dem sechsten Kümmel will dieser sture Mensch Ihnen weismachen, dass es nicht lohnt, nach Kanada oder Finnland zu reisen, solang man noch nicht an der Müritz war. Aus Kümmel wird Sanddornlikör, der in den *Bergen* Hiddensees selbst gepflückt wurde, aus Ja und Nein wird Schweigen. Die Verabschiedung begleitet ein fester Händedruck. Man sagt Tschüss.

Klischees und andere Wahrheiten

Der stumme Fisch

Söte, Thünkram, Lütter, poofen, Deern, plietsch, kieken, Büx, vertellen, antrekken, Knuust, Schnute und *dun* sind Worte, die zu meinem aktiven Wortschatz gehören. Vorausgesetzt sie sagen überhaupt etwas, peppen 97 Prozent der Meck-Pommer ihre Wortwahl mit Worten der plattdeutschen Sprache auf, der Sprache, in der Luther die Bibel übersetzte, der Sprache, in der Handy *Ackerschnacker* heißt. Der Unterschied zwischen einem Fisch und einem Fischkopp besteht in einem Gen, das der eine nicht hat und der andere nicht gebraucht – das Sprechgen. *Swiegen un denken deit* schließlich *keen kränken.* Wer mehr als, sagen wir, sieben Worte am Stück von sich gibt, gerät schnell in den Verdacht eine *grode Sabbeltrien* to sin, die ut'n Furz nen Dunnerschlach maakt (große Labertasche zu sein, die aus einem Furz einen Donnerschlag macht).

Es kann einem meck-pommerschen Kind schon die Tränen in die Augen treiben, wenn es aus London für 3,89 Euro pro Minute zu Hause anruft und sich für die Neuigkeiten aus der Heimat interessiert:

Nö, nix. Anschließend Schweigen.

Meck-Pommer-Kind: *Na, irgendwas? Was habt ihr gestern gemacht?*

Bowlen!

Alleine?

Nö. Schweigen …

Mit wem denn?

Wie immer.

Aha! Und Oma?

Jo.

Wie immer?

Jo.

Papa, die Minute kostet 3,89 Euro. Du musst *jetzt was* sagen.

Und so dehnt sich das Gespräch, wie es auch die Sprache im Allgemeinen tut. *Schöun büschen laaaaangtrecken dat Ganze. Schön dat Mul so'n büschen runterhäng laten up eener Siet. Dat rrrrrrrr rrrrrrrrrollen.* So wart dat eene schöne *Sprrrraaaak,* nicht so vornehm, wie das Holsteinische oder Hamburgische mit seinen ssspitzen Sssteinen. In Mecklenburg-Vorpommern ist das Ganze etwas bodenständiger und oller. Es heißt: *Wat jung is, dat summt, wat oolt is, dat brummt.* Und da kommen wir der Sache nämlich schon näher. Furze. Mittels denen unterhalten sich

Heringe. Und so ähnlich funktioniert das auch bei den Küstenmenschen. Für Außenstehende ist nur ein Geräusch, ein *Jo* und ein *Nix* auszumachen, aber für den Einheimischen steckt in diesem *Jo* so viel drin – Kritik, Geschichten und Zuneigungsbekundungen. Ein *Jo* von Meck-Pommer zu Meck-Pommer kann mitunter eine ganz bunte Unterhaltung sein. Für Außenstehende gestaltet sich die Konversation mit Einheimischen zugegebenermaßen schwierig, und so sind zum Beispiel Dokumentationen über Mecklenburg-Vorpommern nur bedingt möglich.

Interviewer: *Hier Fischfang und so, EU-Reformen, Arbeitslosigkeit, Wende, wie ist das hier? Wie kommen Sie zurecht? Was hat sich verändert?*

Meck-Pommer (aus: *Die Ostsee*): *Fischer zu sein ist halt 'ne Aufgabe, nich!?*

Und dann starrt der meck-pommersche Fischer unbeeindruckt in die Kamera und sagt nichts mehr, auch wenn das leicht kreisende Mikrofon sehr bestimmt zu mehr Informationen auffordert. Fischer haben wie die Landwirte und Handwerker einen Berufszweig gewählt, der nicht viel zur Rettung des Sprechgens beitragen kann.

Lassen Sie sich nicht irritieren, wenn die Antwort bündig ausfällt! Fragen Sie einfach weiter und erzählen Sie. Dass der Meck-Pommer nicht nachfragt, bedeutet *nicht,* dass er kein Interesse hat. Lassen Sie sich von einem grimmigen Gesichtsausdruck nicht abschrecken! Das ist nur die raue Landschaft, die sich da ins Gesicht gefurcht hat. Es spiegelt *nicht* den Gemütszustand wider. Um dennoch sicherzugehen, dass der Meck-Pommer Gefallen an einer Unterhaltung mit Ihnen findet, erfreuen

Sie den Einheimischen, indem Sie *nicht* StralSUND, sondern STRALsund sagen, und Meeeklenburg, statt Mäcklenburg oder Ostseebad SellIN und *nicht* SELLin (der Sellerie stammt nicht von hier). Wenn ein ganzer Small Talk gebraucht wird, halten Sie sich an meinen Tipp: Wind macht sich hervorragend. Böen und Brisen aus Nordost oder Südwest lassen den Meck-Pommer mitunter geradezu ins *Sabbeln* geraten. Was den Hypochondern ihre Krankheiten, ist den Meck-Pommern der Wind, von dem sie immerhin dreihundert Tage im Jahr etwas haben (die restlichen Tage Sturm).

Und dann ist da im Platt der ganze Humor dieser Norddeutschen; ihr gutmütiger Spott, wenn es einer gar zu toll treibt, ihr fest zupackender Spaß, wenn sie falschen Glanz wittern, und sie wittern ihn, unfehlbar... Es ist die Sprache des Meeres. Das Plattdeutsche kann alles sein: zart und grob, humorvoll und herzlich, klar und nüchtern, und vor allem, wenn man will, herrlich besoffen. (Kurt Tucholsky)

Der Bauer an der Buddel

Ein Land, in dem Bier eine ganze Stadt reich gemacht hat, kann dem Alkohol nicht abgeneigt sein. In nicht weniger als zweihundert Braustellen wurden in Wismars fetten Hansejahren große Fässer mit schwarzem Gerstensaft produziert und ständig nach Brügge, Bergen und Riga verschifft. Dank des Bieres ist Wismars Marktplatz heute so groß wie anderthalb Fußballfelder.

Aufgewachsen in der Umgebung dieser Bieraura, bewegte ich mich die Abende meiner Jugend zwischen dem *Klabautermann*, dem *Anker* und der *Fähre* hin und her. Ich bestellte *Fährwasser (Kümmel), Stralsunder Pils* oder *Störtebeker-Schwarzbier*. Meistens das Schwarzbier. Ich bin Hanseatin, und der legendäre Pirat Klaus Stürzdenbecher (Störtebeker) ist mein Vorfahre. Er soll ein sehr trinkfester Bursche gewesen sein. Und so wie ich, wird er in den Hafenkneipen das Glas gehoben und gefordert haben: *Nich lang schnacken, Kopp in Nacken!* Geschnackt wird nicht lang. Als eine Freundin in der *Fähre* fragte: Darf man hier rauchen?, erhielt sie die Antwort: *Swiensteern achtern!* Hilflos sah sie zu mir. *Schweinschwanz hinten*, übersetzte ich. *Alles o. k.!*

Während in anderen Regionen jetzt eine Diskussion über Sinn und Unsinn des Rauchverbots aufgekommen wäre, war in der *Fähre* mit *Swiensteern achtern* nicht nur die Erlaubnis zum Anzünden der Zigarette gegeben worden, sondern auch alles zum Thema Rauchen in öffentlichen Einrichtungen gesagt. Zu den klar gesprochenen Worten bekommt man ebenso wat Klares wie Korn serviert, lauscht der Stimme von Hans Albers, wenn er den Jungen bittet, bald wiederzukommen, schunkelt etwas mit dem Kopf und fertig ist das Amüsement à la Mecklenburg-Vorpommern. Zünftige Wirtshäuser mit rappelvollen Bierbänken und -tischen, auf die Weizen zwischen angeregte Gesprächsrunden gestellt werden, gab es hier zu keiner Zeit. Denn es lebe die Devise: *Tu hus is immer am schönsten.*

Statistisches: Sind es nun die Seefahrergene, die es nach Rum gelüstet, oder doch die wirtschaftlichen Missstände des Landes, die dazu führen, dass in Mecklenburg-Vorpommern durchschnittlich 2,5 Männer mehr an Trunksucht und deren Folgen sterben als im Rest der Republik?

Statistisch gesehen hatten diese 2,5 Männer wenigstens mehr Sonne als die Trunksüchtigen in allen anderen Bundesländern. Zudem atmeten sie bessere Luft, denn die Emissionswerte in Mecklenburg-Vorpommern liegen bei gerade mal einem Drittel der Bundesdurchschnittswerte. In das Land der (mit Abstand) meisten Alkohol- und auch Verkehrstoten reisen in guten Jahren die meisten Touristen, die sich gerne im Inland erholen, in weniger guten Jahren reisen immerhin noch fast die meisten dorthin. Wahrscheinlich waren die 2,5 Männer mehr keine Bauern, denn die Bauern sind mit ihren Kühen und Feldern doch ganz gut beschäftigt. Fast zwei Drittel der Fläche Mecklenburg-Vorpommerns wird von Landwirten bewirtschaftet. Die Produktivität der landwirtschaftlichen Betriebe liegt weit über dem bundesdeutschen Niveau. Vielmehr werden in einem Bundesland, in dem zwar am häufigsten die Sonne scheint, aber trotzdem sehr viele Männer und Frauen mehr als anderswo keine Arbeit haben, wohl auch Perspektivlosigkeit und Langeweile den Weg zur Buddel weisen.

Außerdem: Neben dem Schweineschwanz kann Ihnen in Mecklenburg-Vorpommern auch der Heringsschwanz über den Weg laufen. Er übernimmt hier in der Redewendung *Da kräht kein Hahn nach* die Rolle des Hahns.

Die langsamen Mühlen

Hätte sich Bismarck ein bisschen schlaugemacht, hätte er sich vielleicht seine schnippische Bemerkung verkniffen: *Wenn die Welt untergeht, gehe ich nach Mecklenburg, denn da passiert alles fünfzig Jahre später.* Richtiger hätte es heißen müssen: Was in Mecklenburg-Vorpommern längst erfunden ist, erlangt woanders erst später Bekanntheit. Der Taucheranzug zum Beispiel wurde vom Mecklenburger Peter Kreeft bereits um 1800 erfunden. Nur weil er, was die Patentanmeldung betraf, etwas *tranbüttelig* (so das hiesige Fachwort für die meck-pommersche Langsamkeit) war, heimste die Anerkennung ein anderer ein. Ähnlich erging es auch dem Stralsunder Carl Wilhelm Scheele. Der entdeckte den Sauerstoff. Sein Bericht erschien bezeichnenderweise erst schlappe vier Jahre später, also machte sich im Zusammenhang mit der Entdeckung des Sauerstoffs ein Engländer einen Namen. Langsamer mahlen die Mühlen, aber schnell drehen sich die modernen Windräder auf Mecklenburg-Vorpommerns weiten Feldern. Man weiß eben, worauf es ankommt, deshalb fuhr auch eines der ersten Benzinautos auf den Straßen Mecklenburg-Vorpommerns, die erste Galopprennbahn Europas öffnete die Tore in Bad Doberan, und die erste künstliche Leber wurde von einem Rostocker Forscherteam geschaffen – und all das trotz der ständigen Induktion: *Arbeit is keen Has, de löppt uns nich wech.* Oder: *Jo, jo, door hebben wi schon een Katt mit dootfodert* (Da haben wir schon eine Katze mit totgefüttert). In Mecklenburg-Vorpommern wird Flachatmung praktiziert. *Wat mutt, dat mutt, aber wenn dat nix warrt, warrt dat eben nix,* so weise sprach schon die *Rossmann*-Verkäuferin, als ich sagte: *Ich müsste die Fotos aber bis morgen haben.*

Soll ich aber ehrlich sein, so hat Bismarck natürlich recht. *Dat duurt aal'n büschen länger.* So wird dem Hitler in Bad Doberan eben erst 2007 das Ehrenbürgertum endgültig aberkannt, und Rügentouristen haben jahrzehntelang vor der Klappbrücke im Stau zu stehen, bevor das Problem mal jemand in Angriff nimmt. *Oewer dann mit'm Ruok.* Deshalb weihte Angela Merkel mit der neuen Rügenbrücke auch gleich ein *Jahrhundertbauwerk* ein. Und obendrauf, weil die Touristen bei Schietwetter nun nicht mehr im Stau stehen, entstand gleichzeitig ein ziemlich ambitioniertes Update des Stralsunder Meereskundemuseums (Ozeaneum), in dem die gewonnene Zeit gnadenlos verträdelt werden kann.

Zeit ist in Mecklenburg-Vorpommern ein hohes Gut, an das allerorts beharrlich erinnert wird. Widerwillig erinnere ich mich in diesem Zusammenhang an eine Eiscafé-in-Binz-Begebenheit:

Immer mit der Ruh, sagte die Bedienung, als neben meinem Tisch eine Mutter mit ihrem weinenden Kind drängelte: *Wo sind denn bitte die Toiletten?*

Ich konnte diesem Kind, das schon rötlich-grün im Gesicht war, leider nicht helfen. Und als die Bedienung endlich meine Bestellung zu Ende notiert hatte, brauchte vorerst niemand mehr eine Toilette.

Das riecht, ob Sie das wohl mal aufwischen könnten, fragte mein Tischnachbar, nachdem sich Mutter und Tochter beschämt davongemacht hatten.

Immer mit der Ruh, mahnte die Bedienung auch ihn

und schenkte dem Malheur mindestens zehn Minuten Zeit, seinen Geruch zu entfalten. Mich erinnerte das damals an eine Szene aus einer meiner Lieblings-Sitcoms, in der die Cafébetreiberin mit ihrem Café auf die Liste der hippsten Cafés in L. A. kommen möchte. Zu diesem Zweck verordnet sie ihrer Angestellten, auf Bestellung eines Kaffees mit einem rotzigen *Zuerst trinke ich meinen aus* zu reagieren.

Wie ein Fels in der Brandung stehen die hanseatischen Stadtmauern und gewähren hochschlagenden und überschäumenden Trendwellen zuverlässig Einhalt. Man muss in Mecklenburg-Vorpommern nicht mit einem Roller ins Büro rollern oder sich dem Stress ergeben, für seinen Mops ein modisches Regenmäntelchen zu finden. *Dat is doch all schiet,* weiß der konservative Meck-Pommer. Er glaubt ganz fest daran, dass sich Altbewährtes immer wieder neu bewährt. *Was soll ich bei einer Fideliovorstellung, wenn die da in Jeans und mit Kalaschnikows herumstehen* (Reaktion nach einer Stralsunder Theaterpremiere)? Das erklärt auch, warum ich in einer Apotheke statt des georderten Aspirin Complex zu hören bekam: *Nee, das ist doch blöd. Warmes Bier und ab ins Bett.* Aber weil sich die Apothekerin schließlich doch noch an das neuerliche marktwirtschaftliche System zu erinnern schien, überzeugte sie mich vom Kauf einer Salmiaktüte.

So finden Veränderungen in Mecklenburg-Vorpommern nur in gefühlten Dezisekunden statt, und dennoch weht immer ein frischer Wind! Das Land, auch wenn für das menschliche Auge nicht ad hoc wahrzunehmen, befindet sich in steter Veränderung. Das Meer trägt Land ab, um es woanders wieder anzuspülen. Es ist eine natürliche Veränderung, keine künstlich überstürzte. Gut Ding will eben Weile haben.

Fritz Reuters Landesverfassung:
Paragraf 1: *Allens bliwwt bi'n ollen.* Alles bleibt beim Alten.
Paragraf 2: *Nix ward sick ännern.* Nichts wird sich ändern.

Nix los

»Jährlich 2000 Veranstaltungen der Extraklasse«. *Wollen die mich verarschen?*, hätte ich mich beim Blick auf die Tourismusbroschüre noch vor einigen Jahren gefragt. Von diesen zweitausend Veranstaltungen hatte ich während meiner Adoleszenz gefühlte minus fünf erlebt und das, obwohl ich in der drittgrößten Stadt des Landes wohnte und mich durchaus eifrig auf die Suche begab. *Wald-Meer, Sand-Meer, garnüscht-Meer,* gelesen in einem Mecklenburg-Vorpommern-Internetforum, bringt ziemlich auf den Punkt, was ich damals über mein Bundesland zu sagen gehabt hätte. Inzwischen würde ich großspurig behaupten: Zweitausend? Erscheint mir reichlich untertrieben!

Eines Tages fiel mir wie Schuppen von den Augen, dass das Unterhaltungsprogramm in Mecklenburg-Vorpommern eine Frage der Wahrnehmung, der Interpretation und der Kunst, Freizeitangebote überhaupt als solche zu erkennen, ist. In diesem Zusammenhang ebenfalls eine Frage der Interpretation, das Wort Extraklasse. Extraklasse zum Beispiel das Genuschele unseres Landwirtschaftsministers Till Backhaus in der *Tagesschau*, als die Vogelgrippe über Mecklenburg-Vorpommern hereinbrach. Klasse der Kommentar des Bauherrn der neuen Rügenbrücke, auf die Frage nach dem Tierschutz: *Wir haben 500 000 Euro in die Forschung gesteckt und herausgefunden, dass die Vögel nicht gegen die Drahtseile der Brücke, sondern einfach über sie hinwegfliegen.* Dafür weniger extra, das Rahmenprogramm zur Einweihung selbiger, auch wenn man mir weismachen wollte, dass Gottlieb Wendehals, die Puhdys und Ute Freudenberg sehr wohl *Showacts der Extraklasse* sind.

Ich habe in meiner Jugend außer einem Programmkino nicht sehr viel vermisst, dennoch fieberte ich dem Tag entgegen, das Bundesland zu verlassen, um in Clubs zu gehen und in Secondhandläden nach einer abgewrackten Lederjacke zu suchen. Ich wollte laute Nachbarn und frisches Thaibasilikum kaufen können, wünschte mich zwischen Menschenmassen und Autohupen, wollte auf Vernissagen und Konzerten sein, ins Kabarett gehen und in große Antiquariate. Ich wollte etwas, das dem Rostocker *Mau-Club* zeigt, was eine Harke ist.

Clubs, laute Nachbarn, Lederjacken und auch Vernissagen interessierten mich recht schnell nicht mehr, dafür vermisste ich Auftritte der Shantychöre, Kranichbeobachtungsstationen, einen kurzen Anfahrtsweg, bevor ich mich in die Ostseewellen stürzen konnte, und ich vermisste vor allem die meck-pommerschen Veranstaltungen der Extraklasse, deren Geheimnis ich mittlerweile gelüftet habe: Extraklasse ist an den Veranstaltungen in Mecklenburg-Vorpommern immer das Drumherum. Als das Stralsunder Theater 2008 nach langer Umbauphase wiedereröffnete, war das allein klasse, aber wie Angela Merkel zur ersten Vorstellung erschien und den davor protestierenden Demonstranten gegen das geplante Kohlekraftwerk in Greifswald/Lubmin fröhlich euphorisiert zuwinkte, das war wieder ein schönes Extra.

Als beim internationalen Modepreis *Usedomer Baltic Fashion Award*, um den seit 2002 Designer aus den Anrainerstaaten der Ostsee wetteifern, Germany's next Topmodel 2007, die rothaarige bayerische Barbara, in einem weißen Monsterkleid die Seebrücke entlangtakste, erklärte eine Dame neben mir extra für mich: *Dat die sich so'n Quatsch anziehen und hier lang laufen, als wären sie Herr und Frau Professor. Nur weil die im Fernsehen war. Deshalb ist dat trotzdem albern, wat se an hat. Und dat is auch kein Kattwock (Catwalk), sondern eine Seebrücke.*

Liebe Touristen, um im Dschungel der unzähligen Veranstaltungen nicht die Orientierung zu verlieren, solltet ihr euch zu den Eisbadepartys, Beachvolleyball-Turnieren und Hafenfesten folgende der zweitausend Veranstaltungen notieren. Hier wird sich auch für das ungeübte Auge die Extraklasse zu erkennen geben. Uneingeschränkt empfehlenswert:
Für Musikbegeisterte:
Festspiele Mecklenburg-Vorpommern
Eldenaer Jazz
Stralsunder Brauereihoffest
Greifswalder Bachwochen

Für Boot- und Hafenfans:
Warnemünder Woche
Müritz Sail
Zeesbootregatta auf Fischland-Darß-Zingst
Wiecker Fischerfest Gaffelrigg bei Greifswald
Hanse Sail in Rostock
Schweriner Drachenbootsaison
Für alle:
Stralsunder Sundschwimmen
Stralsunder Wallensteintage
Störtebeker Festspiele in Ralswiek
Bad Doberaner Ostseemeeting auf der Galopprennbahn

Der Nackedei am Ostseestrand

No, ihr geht jo olle da naksch ins Wasso, ge?

Oh, wir *sprechen da oben kein Sächsisch,* antwortete ich irritiert.

Aber nackig macht ihr euch trotzdem so gern wie die da um Dresden rum, konterte der Herr, der es offensichtlich sehr genau wissen wollte. Es war einer derer, die sich im Anschluss an eine Lesung zu Autor und Veranstalter gesellen. So stand ich in einer Essener Buchhandlung und musste diese seltsame Unterhaltung führen. Zum Glück eilte mir die Dame vom Büchertisch zu Hilfe.

FKK ist nicht zu uns rübergeschwappt, wusste sie. *Der erste Verein entstand nämlich hier in Essen.*

Oh, da kennt sich jemand aus, schlussfolgerte der Herr.

Sie nickte und schob die Brille hoch. *Auch den ersten Nacktbadestrand gab es bei uns, also auf Sylt.*

Es folgte eine kleine Pause, in der sich niemand nach weiteren Details erkundigte, auch nicht der Herr. Dennoch fuhr sie fort: *DAS FKK-Land überhaupt ist übrigens Frankreich und nicht die DDR. Wir verbringen unseren Urlaub dort, also in Frankreich. An der Ostsee fühlen wir uns wie Hunde, weil die FKK-Abschnitte immer neben den Hundestränden zu finden sind. Und Ostsee, da ist mir persönlich viel zu viel Textil.*

Ansichtssache! Unter viel zu viel Textil verstehe ich bestenfalls die Bademode im 19. und Anfang des 20. Jahrhunderts, die das *Baden nur in geschlossenen, aus undurchsichtigem Stoff hergestellten Badeanzügen gestattete, die vom Hals bis zum Knie reichen* (Warnemünde 1904). Auch wenn wir Norddeutschen gerne so tun – wir sind keine urzeitlichen Wasserratten und Nackedeis. Meer galt noch bis etwa 1800 als zum Baden völlig ungeeignet. Und auch danach gingen die Einheimischen selbst kaum ins Wasser. Meine Großeltern habe ich nie am Strand erlebt, schon gar nicht jauchzend zwischen den Wellen, die schlenderten höchstens in reichlich Textil die Promenade auf und ab und aßen Eis. Schuhe ausziehen und rein mit den nackten Füßen in den Sand? *No way!*

In den Zwanzigerjahren sprangen die ersten Herren nackt vom Steg, und Damen lagen frivol unbekleidet mir nichts dir nichts im Ostseesand. Ein unglaubliches Verhalten in Anbetracht dessen, dass sich gerade mal vom Badekarren emanzipiert worden war. Der Badekarren fuhr die ersten im Meer badenden Gäste in die See. Dort ließ der Kutscher die Markisen herunter, hinter denen sich die Herrschaften ins kühle Nass begeben konnten. Später schützten vor fremden Blicken hufei-

senförmige Bauten, die auf Pfählen ins Meer hinein-
ragten – Badeanstalten, die im Zweiten Weltkrieg dem
Brennstoffmangel zum Opfer fielen. Das alles hat, hundert Jahre zurück, also mit FKK noch nicht viel zu tun.
Auch die Zeit der nackten wilden Zwanziger war kurz.
Denn bald wurde es den Nationalsozialisten zu nackt
und zu bunt. So erließen sie 1932 den Zwickelerlass,
der genau vorschrieb, wie man sich zu kleiden hatte.
Öffentliches Nacktbaden war verboten. Erst die DDR-
Bürger machten sich entlang der Ostseeküste wieder
frei.

Die heutige Existenz der Nackten kann nicht geleug-
net werden. Sie fühlen sich an der Ostsee pudelwohl,
und am liebsten spielen sie Volleyball. Das sollte niemanden davon abhalten, seinen Urlaub hier zu verbringen. Haben Sie keine Angst, die Nackten halten sich nur
in bestimmten Abschnitten auf. Und wenn Sie mit
ihrem kleinen Jack Russell, mit dem sie am nebenan
gelegenen Hundestrand herumtollen, doch etwas näher
heran müssen, dann erfasst Sie vielleicht die Joplin'sche
Philosophie: *Freedom ist just another word for nothing left
to loose*, und Sie legen die Kleider ab und stürzen sich
glücklich wie nie zuvor in die Fluten. Das ist zumindest
das, was sich Mecklenburg-Vorpommern im Grunde
seines Herzens von Ihnen wünscht. Erwartet jedoch
wird hier gar nüscht.

Ohne das FKK-Baden wäre nichts, was es ist: Der
Osten wäre nicht der Osten, die Nacktbadenden wären
nicht nackt, und Gerhard Hauptmanns Bestseller wären
keine Bestseller gewesen. Auf seiner Lieblingsinsel Hiddensee notierte der Schriftsteller … *nicht geschrieben,*

hätte ich nicht jahrelang auf Hiddensee die vielen schönen, oft ganz nackten Frauenkörper gesehen und das Treiben dort beobachtet.

Vorschlag: Ein beliebter FKK-Abschnitt an der Ostsee ist zum Beispiel die kilometerlange Strecke zwischen Glowe und Juliusruh auf Rügen.

Das gottlose Volk

Ich wünschte, ich hätte damals den Horrorklassiker *Das Omen* ganz alleine geschaut. Ich wäre nicht in die Verlegenheit geraten in größerer Runde zu fragen: *Hä?? Das Blut Christi? Wo soll er das denn herbekommen?* Ratlos sah man mich an, bevor ein schallendes Gelächter über mich hereinbrach. Meiner Herkunft war geschuldet, dass ich zuvor noch nie etwas vom Blut Christi gehört hatte, und dass Rotwein für mich nie eine andere Bedeutung hatte, als die eines alkoholischen Getränkes. In der Kirche war ich als Kind nur, um oben vom Turm hinunterzuspucken. Für Beerdigungen stieg ich in ein Boot, von dem aus mit dem Schlag der Seeglocke und einem letzten seemännischen Gruß Asche ins Wasser gelassen wurde. Religionsunterricht hatte ich nicht, und die Mitschüler, die konfirmiert wurden, waren Freaks. Der ostdeutsche Atheismus sorgte dafür, dass in meinen Weihnachtsliedern nur in spärlichen Ausnahmen das Wort Christkind auftauchte und ich lange Zeit dachte, der Tannenbaum wird im Winter mir zu Ehren geschmückt. Gott hieß in meiner Welt bestenfalls Neptun oder

Svantevit. Der vierköpfige Svantevit war die oberste Gottheit der slawisch-stämmigen Ranen auf Rügen. Von ihm hatte ich gelesen, und Neptun hieß jede dritte hafennahe Kneipe, aber von einem Gott, der angeblich zwei Menschen mit Namen Adam und Eva erschuf, hörte ich erst sehr viel später. So wie mir geht es vielen. Die meisten Meck-Pommer sind konfessionslos. Der Missionar Jakob Walter nahm sich vor, das zu ändern. Er ließ sich bei seiner Mission, zwischen den Meck-Pommern und Gott zu vermitteln, von einer Kamera begleiten. *Der große Navigator* heißt dieser Dokumentarfilm, in dem eine Horde mecklenburgischer Punks lautstark verkündet: *Unser Gott heißt Bier!* So zog der Missionar einige Zeit später wenig erfolgreich wieder von dannen. Er kann nur darauf hoffen, dass Leute meiner Generation irgendwann nicht mehr in Situationen wie meine *Omen-Situation* geraten wollen und sich früher oder später eine Kinderbibel zur Hand nehmen. Das schafft uns Meck-Pommern dann auch die Grundlagen, um unter anderem Brecht-Gedichte oder religiöse Konflikte zu verstehen.

Der Künstler im Rapsfeld

Ich lernte Doris auf dem Fischland in Ahrenshoop kennen, einem der edelsten, vielleicht elitärsten Seebäder entlang der meck-pommerschen Ostseeküste, das bereits zu DDR-Zeiten seinen *Millionenhügel* erhielt. Auf einer Anhöhe vor der Düne am *Hohen Ufer* durfte sich die DDR-Schickeria ihre reetgedeckten Villen errich-

ten, die inzwischen von dicken Sanddornhecken einge-
wachsen sind. *Ahrenshoop, das Kaff der Kulturschaffenden.*

Alles an Doris wehte im Spätsommerwind – ihr sil-
bergraues Haar, ihr blutroter Seidenschal und selbst ihre
Stimme. *Vor dem Kunstkaten (*eine der ältesten Galerien
Norddeutschlands) sprach sie ins Telefon, als sie an mir
vorüberwehte. *Kunstkaten,* hörte ich sie hinter mir noch
mal deutlich wiederholen.

Zwei Stunden später traf ich Doris zum zweiten Mal.
Ich erkannte sie an ihrer Lederjacke mit einem großen
gelben Punkt vorne auf der Brust. Sie betrat das Café
Buhne 12, in dem ich bereits einen Pflaumenkuchen vor
mir stehen hatte, der so groß war wie ein kleiner Ge-
schenkkarton. Platzknappheit zwang Doris an meinen
Tisch. Sie erzählte, dass sie aus Dortmund stamme und
einmal im Jahr mit ihrer Freundin Ute nach Ahrenshoop käme, wegen der Inspiration. Und ich sagte: *Oh.*
Doris erzählte weiter, dass Ute mehr so Landschaftsmalerin sei und sie mehr so fürs Porträt und dass man hier
in Ahrenshoop die Möchtegernkünstler ja an ihren
Schals erkenne. Ich gehe davon aus, Doris verbuchte das
blutrote Ding über ihrer Schulter unter Tuch. Sie wollte
von mir hören, ob ich es auch so fürchterlich fände, dass
man aus der Rostocker Kunsthalle ein Autohaus machen wolle.

Davon habe ich bisher nichts mitbekommen.

Ich denke, du bist von hier!?

*Ja, aber über die Kunstszene, weißt du Doris, in der Zeitung
steht eher, wo ein Auto beim Einparken ein anderes beschädigt
hat. Kunst, das wird hier ein bisschen stiefmütterlich behandelt.
Obwohl es ja ziemlich viele …*

Plötzlich hob Doris ihre grobe große Hand. Ihre Freundin, die Landschaftsmalerin, gesellte sich zu uns. Ute – Ute, ebenfalls aus Dortmund, kam ohne Tuch, ohne Schal und ohne Punkt, dafür in den Landesfarben Ultramarineblau (Poloshirt), Weiß (Hose), Gelb (das Haar blond) und Zinnoberrot (Sandalen). Ute bestellte einen Kakao mit *sehr viel Sahne* und öffnete mir die Augen für die Farben meines Bundeslandes (danke, Ute!). Sie schwärmte von den leuchtend gelben Rapsfeldern, den roten Mohntupfern und blauen Kornblumen darin, den dunkelgrünen Baumtunneln der Alleen, den silbernen Blättern, sie schwärmte vom Himmelblau, von dem himmlischen Blau, den schneeweißen Wolken, den schiefergrauen Steinen, von der lilafarbenen Heide, von dem dunkelroten Abendhimmel, dem Orangerot der Hagebutten, dem Nebelgrauweiß des Morgens, den schmutzig weißen Schaumkronen und dem Türkis des Meeres, dem Tiefblau des Meeres, dem Schwarz des Meeres, dem Grün des Meeres, dem Kobaltblau des Meeres, dem Braun des Meeres, dem Braun des Schwemmholzes, das sich in dem tiefgrünlichbräunlichen Seetang verfangen hat, im dunkelazurblauen Wasser. Als Doris etwas gelangweilt schnaufte, behauptete ihre Freundin: *Weißt du, Doris, in Dortmund gibt es nicht eine einzige dieser Farben, nicht eine einzige, und du kannst das überhaupt nicht beurteilen, denn von Farben verstehst du nichts.*

Ab ungefähr 1880 zog eine neue Generation von Malern in die Natur. In Ahrenshoop entstand die erste Künstlerkolonie. Seither lebt der Ort von seinem Künstlerruf und man muss sich vor den wehenden Schals der

Maler, Komponisten, Schriftsteller und Bildhauer in acht nehmen, damit sie einem nicht ständig ins Gesicht flattern. Überall sieht man die Stipendiaten des *Künstlerhauses Lukas* oder wehende Dorise und unbetuchte Utes sinnierend und kräftig einatmend den Deich auf und ab wandern.

Künstler lassen sich allerorts in Mecklenburg-Vorpommern von den Farben, der Landschaft und auch von den schönen Mecklenburgern inspirieren. Während Edvard Munch an der Ostsee von einer schweren Lebenskrise gesundete, standen ihm für sein monumentales Bild *Badende Männer* zwei Warnemünder Badewärter Modell. Munch hatte sich in Warnemünde in einem kleinen Fischerhaus beim Lotsen Carl Nielsen eingemietet (Am Strom 53). Dort vervollständigte er unter anderem auch den Zyklus *Das grüne Zimmer*.

As uns Herrgott de Welt erschaffen ded, fung hei bi Meckelnborg an, und tworsten von de Ostseesid her, und makte dat eigenhännig fahrig. (Fritz Reuter)

Unsere Berühmtesten: Phillip Otto Runge und Caspar David Friedrich.

Die Jugend auf der Flucht

O mein Gott, das hier ist irreal, sagte ein Freund, als wir auf der Suche nach einer Tankstelle in einem kleinen Ort nahe Anklam landeten. Etwa das Gleiche hatte er zwei Jahre zuvor schon mal gesagt, da liefen wir zusammen durch Amsterdam. Nun befanden wir uns aber aus Versehen in Butzow. Mein ursprünglicher Plan hatte vorgesehen, vom Ostseebad über die Autobahn direkt nach Berlin zurückzufahren. So machen das viele, und so muss man das machen, wenn man zart besaitet ist und von blinden Fenstern und resigniert im Wind hängenden *Langnese*-Fahnen der *Snackerias* in eine tiefe Depression gestürzt werden kann. Cafés: Samstags geschlossen.

Es gibt sie, die ostdeutschen Geisterstädte, die fahlen grauen Häuser hinter verwitterten Zäunen, an denen die Übriggebliebenen mit fahlen grauen Gesichtern peu à peu zu verwittern drohen. Etwa 30 Kilometer hinter den weißen Bädervillen beginnt der Osten. Zwar ist diese Region landschaftlich durchaus reizvoll (Mecklenburgische Schweiz), aber man ahnt trotzdem, warum der Anklamer Otto Lilienthal fliegen wollte und hier seine ersten Flugversuche unternahm. Man möchte mit Farbeimern um sich werfen und die Musik laut aufdrehen. Man möchte den drei Jugendlichen an der Bushaltestelle ein Ticket nach Barcelona schenken. Aber das haben sie längst in der Tasche, für *nach dem Schulabschluss*. Und wenn nicht für Barcelona, dann wenigstens für Kiel, Hamburg oder Berlin. Sicher ist, wer Arbeit sucht, kann hier kaum bleiben. Im Landesinneren, zwischen den touristischen Regionen Ostsee und Seenplatte, ist beinahe niemand, dem man ein Ferienzimmer hübsch herrichten könnte, niemand, der Ostseedorsch mit Petersilienkartoffeln serviert bekommen mag, und niemand, der einen braucht, um ein Containerschiff zusammenzubasteln. Verkauft werden in Butzow und Co.

Tabakwaren und Brötchen. Wer es wagt, eröffnet vielleicht ein *Quellegeschäft* oder hilft seinem Vater mit dem Bestellen der Felder. Hundertfünfzigtausend Menschen haben sich in den letzten Jahren buchstäblich vom Acker gemacht.

Man wählt in Mecklenburg-Vorpommern Butzow-Orte nicht als Kontrastprogramm zum stressigen Job in einer nahe gelegenen Großstadt, wie es in anderen Bundesländern üblich ist. Es gibt keine nahe gelegene Großstadt und erst recht keinen Job. Nach der Wende galt Mecklenburg-Vorpommern als jüngstes Bundesland, mittlerweile ist jung etwas, das sich vorwiegend auf die Fach- und Hochschulstädte beschränkt. Sucht man abseits derer eine Tankstelle, könnte man wie mein Freund zu der Überzeugung gelangen: *In zwanzig Jahren werden diese Häuser von Hasen, Füchsen und Bussarden bewohnt. Und ich wette, die streichen wenigstens die Fassaden und pflanzen bunte Blumen.*

Die Agentur MV4you möchte nicht, dass Mecklenburg-Vorpommern nur noch von Hasen und Bussarden bewohnt wird. Sie arbeitet daran, verlorene Landeskinder zurückzuholen, indem sie ihnen Stellen, zumeist für hoch qualifizierte Kräfte, zu vermitteln versucht. Nur hat die Praxis gezeigt, dass die Vermittlung eines Rückkehrers im Schnitt über 6000 Euro kostet. Ein ehrenwertes Projekt, in der Durchführung leider etwas zweifelhaft.

Und so sitzen die drei Jugendlichen in ihren Bushaltestellen, denken *Fucking Ånklåm* und warten auf den Tag, da ein Bus kommt, um sie nach Barcelona zu bringen. Wer schwanger wird, hat Glück gehabt, der Rest muss leider gehen.

Achtung! Anklam und Demmin sind *keine* Weizensorten. Diese Information kann bares Geld wert sein, denn hätte sich der *Wer-wird-Millionär-Kandidat* bei Günther Jauch statt für *Weizensorten* für *Hansestädte* entschieden, wäre er jetzt um mindestens 15 500 Euro reicher.

Arm, aber sexy

Don't tell me something, sagte ich zu dem amerikanischen Austauschschüler, der Mitte der Neunziger erzählte, er habe gehört, da, wo er jetzt hinginge (Mecklenburg-Vorpommern), gebe es kein elektrisches Licht. *Als dein gesamter Kontinent entdeckt wurde,* erklärte ich, *war diese Stadt schon fast dreihundert Jahre alt, aber von Geschichte, da versteht ihr ja nichts. Also don't tell me something about electric lights!* (Und: NO, dear Americans, Warnemuende is NOT the harbor of Berlin!)

Wäre Mecklenburg-Vorpommern wenigstens sexy, stöhnt der Einwohner, dessen Region mangels Industrie traditionell zu den Ärmeren der Republik zählt. Wird wie beispielsweise 2008 im *Spiegel* eine farbliche Statistik der Topverdiener erstellt, erscheint die Deutschlandkarte schön bunt, leuchtet hier gelb, dort lila, mittendrin orange und oben rechts in der Ecke, da bleibt alles blütenweiß.

Der Meck-Pommer sieht den Wald jedoch vor lauter Bäumen nicht, denn Mecklenburg-Vorpommern besitzt nicht nur eine funktionierende Elektrik, sondern ist auch durchaus sexy. Inmitten der hügeligen Landschaft hat offenbar noch ein alter verfallender mecklenburgischer Kuhstall Ausstrahlung und Anziehungskraft genug, um ein Brüderpaar zu bezirzen. In dem Fall die Hamburger Laufschuh-Experten-Brüder Lunge. Flirten auch alle anderen mit Asien, die Lunges zieht es in den Düssiner Kuhstall of Mecklenburg-Western Pomerania, um qualitativ hochwertige Laufschuhe herzustellen. Kaum eine Schuhfabrik produziert noch in Deutschland, aber die Lunges entschieden sich für den Standort Mecklenburg-Vorpommern. Gleiches taten in der Vergangenheit zunehmend Telefonfirmen und Callcenter, weil in kaum einem anderen Teil Deutschlands so sexy hochdeutsch sprechende Stimmen durch die weltweit modernste Telekommunikationsinfrastruktur geschickt werden können.

Neben Stimme und Ausstrahlung gehören zum festen Fundament des Sexappeals bekanntlich noch Erfolg und Köpfchen. Beides ist selbstverständlich hier vorhanden. In Mecklenburg-Vorpommern formiert sich derzeit eines der größten Netzwerke der Biomedizin und Biotechnologie: das *BioCon Valley*. Über siebzig Unternehmen dieser Branche haben sich inzwischen in Mecklenburg-Vorpommern angesiedelt. Was sie dort tun, wird die Welt voraussichtlich in wenigen Jahren erfahren. Ein anderes Netzwerk, bestehend aus Wissenschaftlern, Pflanzenzüchtern, Medizinern, Bauern, Lebensmittelherstellern und Verfahrenstechnikern, braucht nur eine einzige Pflanze zum Erfolg: die blaue Lupine. Bislang nur als Tierfutter genutzt, soll sie schon bald *weltweit von sich reden machen*. Zum *Soja des Nordens* soll sich die attraktive blaue Dame mausern und *die Wurst knackig machen*.

Es gibt zahlreiche Beispiele dafür, dass hier trotz zum Teil einer absurd hohen Arbeitslosenquote (27 Prozent) erfolgreich und mit Köpfchen gearbeitet wird. Der Ruf der Hochschulen ist ausgezeichnet. So wurde unter anderem an der Stralsunder Fachhochschule, als seinerzeit (WS 2000/2001) einzigartig, der duale Studiengang Wirtschaftsingenieurwesen erfolgreich eingeführt und mit dem Bildungspreis in der Kategorie Hochschule prämiert. Im Winter wird an der Hochschule studiert, im Sommer werden gewonnene Kenntnisse in den Unternehmen praktisch umgesetzt. Das führt unweigerlich zu einer ungeheueren Attraktivität für erfolgsorientierte BWL-Studenten. Und wie sie dann mit ihren gelben Helmen und der dunkelblauen Arbeitskleidung im Sommer das Areal der Stralsunder Volkswerft durchstreifen – sexy!

Dabei will Mecklenburg-Vorpommern gar nicht sexy sein, sondern, laut Aussage der damaligen Finanzministerin in der *Financial Times, einfach nur stinknormal.*

Der Nazi überall

Also ich habe in Mecklenburg-Vorpommern noch keinen Nazi gesehen, habe ich früher steif und fest behauptet, wenn man mich mit dem Ruf der Fremdenfeindlichkeit meines Bundeslandes konfrontierte, was besonders oft 1992 nach den Ausschreitungen in Rostock Lichtenhagen passierte. *Ehrlich,* schwor ich, *ich kenne bei uns nur Zecken. Und Gothic-Typen. Und Rocker. Aber keine Nazis. Die sind doch alle in Sachsen-Anhalt.*

Ich erkannte die Nazis nicht, weil nicht alle Nazis Glatzen haben und eine grobe Gestalt. Und weil sie sich nicht alle auf meinem Stralsunder Gymnasium tummelten und erst recht nicht in meiner *Zecken-Kneipe Speicher.*

Mancherorts in Mecklenburg-Vorpommern erhält die NPD 30 Prozent Wählerstimmen, nicht nur von Kahlköpfigen, sondern vor allem auch vom meck-pommerschen Protestwähler, der seiner Meinung nach kaum noch etwas zu verlieren hat. *Alles den Bach runtergegangen nach der Wende. Enttäuscht, belogen, verarscht.* So fühlen sich viele auf dem Land, da, wo niemand Ost half aufzubauen. Wie ich damals gehen einige Meck-Pommer durch die Straßen und sagen: *Ist natürlich doof, dass hier so viele NPD wählen, aber Nazis gibt es hier eigentlich nicht. Hier gibt's nur ein paar Fidschies. Rassistisch? Nein, das bin ich nicht.* Rassistisch nicht unbedingt, aber sehr unbedacht, auch in dieser Hinsicht ungebildet. Ich kann mich nur an einen einzigen Ausländer an meiner Schule erinnern, einen Halbgriechen in der Klasse unter mir. Ansonsten hatte ich bis zu meinem Weggang aus Mecklenburg-Vorpommern keinen Kontakt zu Menschen anderer Herkunft. Ich kannte die Russen vom Hörensagen (*die tauschen Wodka gegen Fisch*) und den einen Farbigen vom Sehen (begleitet mit dem Spruch: *Kuck mal, Afrika kann ja gar nicht so weit weg sein*).

Es gibt auch in der heutigen Zeit nur wenig Kontakt zu Ausländern. Die *Fidschies verkaufen billige Lederhandschuhe,* und *nun kommen die Polen und putzen zu billig.* Die Vorbehalte, aber auch die Gleichgültigkeit den Ausländern gegenüber ist sehr hoch. Das wiederum macht keinesfalls aus jedem Meck-Pommer einen Nazi, keinesfalls, und dennoch hat es die NPD in den Landtag geschafft und hat nur einen Sitz weniger als die FDP (Wahl 2006).

Laut Landestourismusverband kämen jährlich etwa vierhunderttausend Menschen mehr zu Besuch nach Mecklenburg-Vorpommern, wenn der Naziruf nicht dem Ruf der Schönheit des Landes vorauseilen würde.

Platt wie eine Flunder

Ich mag an Schleswig Holstein sehr, dass es so schön platt ist.
Wie bitte?, fragt man mich.
Ich mag, dass es so schön flach ist.
Aber bei dir in Mecklenburg-Vorpommern ist es doch auch schön flach.
Neeeehhhiiin, widerspreche ich inbrünstig. *Das ist absolut hügelig.*

Mecklenburg-Vorpommern ist wellig, nicht nur auf dem Wasser, sondern auch zu Land. Eine eiszeitlich modellierte Landschaft, in der es wie in einer Berg- und Talbahn für Achtjährige auf und ab geht. Mecklenburg-Vorpommern hat eine ganz buckelige Mitte, eine Mecklenburgische Schweiz nördlich der Seenplatte und die Helpter Berge, eine Hügelkette mit einer höchsten Erhebung von 179 Metern – immerhin.

Ich bleibe dabei, dass es in Mecklenburg-Vorpommern Berge gibt. Auch wenn ich mit dieser Behauptung schon Kinder zum Weinen gebracht habe. Siebenjährig hatte ich den Kindern sächsischen Besuchs versprochen, dass wir in die Berge zum Rodeln fahren würden. Eine für die Sachsenkinder aufregende Nacht lag zwischen meinem Versprechen und dem gemeinsamen Aufbruch zum Schlittenfahren. Die kleinen Sachsen konnten kaum schlafen, und auch ich freute mich auf die steile Abfahrt. Am nächsten Morgen fuhren wir ins 24 Kilometer entfernte Franzburg, in die dortigen *Hellberge* einer Endmoränen- und Sanderlandschaft, in der die Eismassen der letzten großen Kälteperiode Sand und Gestein bis zu 30 Meter hoch aufgetürmt haben. Ich jodelte von ganz oben ins Tal hinunter. Jauchzend rodelte ich das Gebirge hinab, während die kleinen Sachsen am Rand standen und heulten.

Die hat gesogt, mir rodeln in den Berschen. Mir wollen in die Bersche.

Und meine Eltern behaupteten: *Aber es gibt hier keine Berge, nirgends.*

Die Großstadt und die anderen

Rostock

Mecklenburg-Vorpommerns einzige Großstadt liegt am Meer – ähnlich wie New York. Nur eine einzige Großstadt? Ist doch in Ordnung, weil auch die Bundesländer Bremen, Hamburg und Berlin nur eine Großstadt haben. Und auch das klitzekleine Saarland.

Etwas weniger als Lübeck, etwas mehr als Wismar – Rostock.

Wie sich das für eine Großstadt gehört, ist auch Rostock weltoffen und ein bisschen verrucht. Seine Weltoffenheit demonstriert es jedes Jahr aufs Neue, wenn die sturzbesoffenen Skandinavier zu Besuch sind. Stillschweigend und weltoffen empfangen die Rostocker ihre Nachbarn zu den Ereignissen Hanse Sail und

Hansecenter. Bei der Hanse Sail handelt es sich um ein großes maritimes Event. Hunderte von großen Schiffen und Skandinaviern liegen dann im imposanten Ostseehafen herum und lassen sich bestaunen. Zum Ereignis Hansecenter lassen die Schweden und Dänen ihre Boote zu Hause und kommen in Bussen nach Rostock oder ins rostocknahe Bentwisch, um sich im Einkaufszentrum Hansecenter die Taschen mit Alkohol vollzupacken.

Während der drei Monate, die ich in Rostock wohnte, wurde mir schnell klar gemacht, dass sich in dieser Stadt alles um den Pornobrunnen (offiziell: Brunnen der Lebensfreude) abspielt. *Treffen am Pornobrunnen, Klopperei am Pornobrunnen, Kaffeetrinken am Pornobrunnen, schnell noch mal ins Geschäft beim Pornobrunnen…* Dieser sagenumwobene Brunnen befindet sich in der Fußgängerzone vor dem historischen Universitätsgebäude, in denen sich einst Ma(r)x Planck und Albert Einstein Ehrenurkunden abholten. Leider verschwinden in Rostock viele Touristen nur allzu schnell in eine der beiden großen Einkaufspassagen (Entzugserscheinungen), anstatt erst einmal einen Blick auf die Fassaden der Häuser zu werfen, wie sich das gehört, und mal etwas über den Baustil im Reiseführer nachzulesen. Ich würde den Baustil laienhaft als zackig und bunt bezeichnen, vielleicht hanseatisch. Tatsächlich sind es Renaissance- und Barockhäuser neben der landestypischen Backsteingotik; alles gerne in Rosa, Blau, Gelb gehalten. Während die Eltern im Reiseführer blättern, können die Kinder über die Straßennamen kichern. Eselföterstraße, Kuhstraße und Faule Grube verbinden die Fußgängerzone Kröpi (Kröpeliner Straße) mit der Langen Straße, die vormals

Erste sozialistische Straße. Zwischen 1953 und 1960 entstanden, stellt sie die erste Phase des DDR-Städtebaus dar. Sie sollte eine Magistrale als Aufmarschweg für machtvolle Demonstrationen sein.

Ich habe in Rostock vor allem zwei Entdeckungen gemacht. Zum einen herrscht hier ein angenehmer Lokalpatriotismus, eine freundliche und auch offene Atmosphäre, die mir mancherorts in Mecklenburg-Vorpommern fehlt. Zweitens habe ich festgestellt, dass mir die Altstadt Rostocks viel besser gefällt als das Zentrum. Ich kann gar nicht recht sagen warum, denn eigentlich sind dort nur ein paar Häuser, zwischen ihnen Kopfsteinpflaster, auf dem man ständig umknickt, zwei Kirchen und wenige Menschen. Vielleicht nennt man das Flair, was mich dort überrascht hat, oder *Café Kiwi.* Das *Café Kiwi* wird von der ehemaligen Olympiasiegerin im Turmspringen betrieben, die sich, wie sich das für einen in einer verruchten Stadt lebenden Promi gehört, im *Playboy* nackt zeigte. *Da ist die aus dem › Playboy ‹,* raunte es mir von allen Seiten zu, sobald sie irgendwo auftauchte. Der Rostocker hat den Stolz der Hansezeit, als die Rostocker Koggen die Weltmeere durchsegelten, nicht verloren, dachte ich. Als ich im Nachhinein erfuhr, dass die Fotos bereits 1996 im *Playboy* erschienen waren, verlor ich etwas von meinem gewonnenen Glauben, dass Mecklenburg-Vorpommern eine wahre Großstadt hat.

Ein Café mit Flair in der Innenstadt finden Sie übrigens im Hof des Klosters *Zum heiligen Kreuz* – das *Café Kloster.*

Der Rostocker selbst fährt gerne wie ein Großstädter in sein etwa zwölf Kilometer entferntes Ostseebad Warnemünde, um abseits des Großstadttrubels im *Teepott* einzukehren. Ein Klassiker der meck-pommerschen Restaurantszene, dessen Architektur etwas futuristisch wirkt. Als Kind dachte ich, dass ein vertrockneter Tintenfisch aus China auf dem Dach liegt (irgendwer muss mir das erzählt haben!?).

Warnemünde, um 1800 schon *Belustigungsort der Rostocker* genannt, wurde bereits 1326 von Rostock gekauft und stets bevormundet. Bis ins vorletzte Jahrhundert sollen die Einwohner nur den Beruf des Fischers oder Lotsen ausgeübt haben dürfen. Doch Ende des 19. Jahrhunderts entwickelte sich Warnemünde zu einem der bestbesuchten Seebäder Deutschlands. Die Einwohner beobachteten den neumodischen Trend, an die See zu fahren, skeptisch, reagierten jedoch geistesgegenwärtig und boten den seltsamen Menschen Zimmer in ihren heute noch existierenden Giebelhäusern entlang des Alten Stroms (damals eine der nur zwei vorhandenen Straßen) an. Als die Badegäste kamen, wollte man den Wohnraum erweitern und baute zu diesem Zweck die typischen Warnemünder Glaskästen an, über die Theodor Fontane schrieb:

Er (der Warnemünder Baustil) *besteht darin, dass man an die Fronten der Häuser einen Glaskasten anklebt, der, unter den verschiedensten Namen auftauchend, als Balkon, Veranda, Pavillon, doch immer der alte Glaskasten bleibt, wovon das Sein oder Nichtsein aller Gäste und zuletzt ganz Warnemündes hängt. Diese gläsernen An- und Vorbaue geben dem Ort seinen Charakter und dem Badegast sein Behagen. Sie sind wirklich ein Schatz. Ob sie nach der Seite der Kunst hin noch eine Zukunft haben, muss abgewartet werden.*

Die Rostocker Sieben

Die Zahl 7 spielt im Rostocker Stadtbild eine große Rolle. Es gibt sieben Wahrzeichen der Stadt, die Rostocker Kennewohrn:

Söben Toern to Sint Marien Kark,
Söben Straten bi den groten Mark,
Söben Doern, so da gaen to Lande,
Söben Kopmannsbrüggen bi dem Strande,
Söben Toern, so up dat Rathus stan,
Söben Klocken, so dakliken slan,
Söben Linnenböm up den Rosengoern:
Dat syn de Rostocker Kennewohrn.

Sieben Türme der St.-Marien-Kirche,
Sieben Straßen bei dem großen Markt,
Sieben Tore, die in das Land führen,
Sieben Kaufmannsbrücken bei dem Strand,
Sieben Türme, die auf dem Rathaus stehen,
Sieben Glocken, die zugleich schlagen,
Sieben Lindenbäume im Rosengarten:
Das sind die Rostocker Wahrzeichen.

Bonuswahrzeichen: Fußballverein Hansa Rostock (7 plus 4 Spieler).

Tipp für einen Familienausflug: Wer nicht in den Zoo möchte, kann den Tag im IGA-Park Rostock verbringen, der 2003 mit der Internationalen Gartenbauausstellung entstanden ist.

Greifswald

Greifswald und Stralsund haben ein Köln-Düsseldorf-Ding miteinander zu laufen. Jeder schwört auf die Vorzüge seiner Stadt. Greifswald setzt auf Studentenflair und Stralsund versucht mit handfestem Seefahrercharme zu überzeugen. Auf den ersten Blick sind sich die beiden Hansestädte sehr ähnlich. In beiden dominieren Backstein und treppenförmige Giebelhäuser, als könne man auf ihnen bis in den Himmel hinaufspazieren. Die Kirchen tragen hier wie da die Namen St. Nikolai, St. Marien und St. Jakobi, und in den Schulen beider Städte finden sich mit Sicherheit ein Fiete und eine Wiebke. Sowohl die Stralsunder als auch die Greifswalder haben einen hübschen Hafen und eine Insel vor der Tür – die einen Rügen, die anderen Usedom. In beiden Städten finden die Ostseefestspiele statt, bei denen laut Programmheft *weltberühmte italienische Melodien, mitreißende Opern, klassische Komödien und Theater für die ganze Familie an eindrucksvollen Spielorten* zur Aufführung kommen. Wer sich gediegen satt essen will, tut das sowohl in Greifswald als auch in Stralsund im Braugasthaus *Zum alten Fritz*, in dem kupferfarbene Sudkesseln und rotbrauner Backstein eine Atmosphäre versuchen, oder im *Wallensteinkeller*, wo man einen Dolch in die Hand gedrückt bekommt und auf Besteck verzichten muss.

An dieser Stelle möchte ich erwähnen, dass das im *Alten Fritz* servierte Erfolgsbier *Störtebeker* in Stralsund gebraut wird. Dafür hat *Wieck*, ein Ortsteil Greifswalds, das schönste und größte Fischerfest *Gaffelrigg*. Stralsund hält mit dem *Brauereihoffest*, dem Open-Air-Highlight Mecklenburg-Vorpommerns dagegen. Hier traten unter anderem auf: Die Toten Hosen, Die Ärzte, Wir sind Helden, Sportfreunde Stiller, Mel C, Nena … (und wir befinden uns immer noch mitten in Mecklenburg-Vorpommern!). Greifswald hat seine Klosterruine Eldena, von dem berühmten Sohn Caspar David Friedrich in Szene gesetzt, aber Stralsunds Rathaus ist eine Wucht und nicht vergleichbar mit dem Greifswalder Pendant, Greifswald aber soll den schönsten Marktplatz Norddeutschlands haben, fein, na und? Stralsunds gesamte Altstadt ist UNESCO-Weltkulturerbe. Greifswald hat die Universität und Stralsund das Ozeaneum, in dem man auch ganz viel lernen kann. Stralsund hat die Volkswerft, Greifswald das abgeschaltete Kernkraftwerk Lubmin.

Mit dem guten Gefühl, dass meine Heimatstadt nie einen Vergleich verlieren, geschweige denn scheuen müsse, und mit dem Versprechen, Greifswald gegenüber immer schön skeptisch zu bleiben, folgte ich nach dem Abitur dem guten Ruf der Ernst Moritz Arndt Universität. Während Studenten, die es per ZVS hierher verschlägt, zweimal heulen – einmal, wenn sie ankommen, einmal, wenn sie gehen –, weinte ich in Greifswald nie. Im soziokulturellen Zentrum *St. Spiritus* erlebte ich meine ersten bunten Abende, machte Bekanntschaften mit damenbärtigen Damen und folkigen Folkern, mit Rastazöpfen und Fotografien in Schwarz-Weiß. Kurz: Ich entdeckte die Vorzüge des Konkurrenten und einen echten van Gogh in Farbe. Ich fand Orte, die es so in Stralsund nicht gab und die mir sehr viel bedeuteten:

das Antiquariat *Rose*, die Uni-Buchhandlung und den Bioladen. Ich fühlte, nicht in Stralsund, sondern hier an der Kaimauer des Hafens zu Greifswald hätten Gertrude, Anais und Co. ihre Left-Bank-Zelte aufgeschlagen, hätten sie sich in Deutschland niedergelassen und nicht in den Dreißigern an der Pariser Seine. Nach meiner ersten Lesung im Literaturzentrum *Koeppenhaus* wollte sich jemand mit mir über die von Suhrkamp geplante vierzehnbändige Werkausgabe Wolfgang Koeppens unterhalten. Das ist mir so in Stralsund noch nicht passiert. Überhaupt kam ich nirgends in Mecklenburg-Vorpommern besser mit fremden Menschen ins Gespräch als in Greifswald. Die, die ich selbst vornehmlich ansprach, waren die weinenden, nicht aus Mecklenburg-Vorpommern stammenden Studenten in ihrem anfänglichen Schockzustand. Dankbar nahmen sie jede Unterhaltung an. Sie sagten, dass es so schwierig sei, mit den Greifswaldern ins Gespräch zu kommen (*Tja, aber nicht mit den Stralsundern*, log ich), und dass sie sich wegen der Nazis, von denen sie so oft gehört hätten, abends nicht auf die Straße wagten. Dann zögerten sie einen Augenblick und fügten hinzu: *Obwohl das hier ja eigentlich alles ganz niedlich aussieht und der Hörsaal nicht so überfüllt ist wie bei meinen Freunden, die woanders studieren.*

Ja, sagte ich, *und im Sommer kommen dich deine ganzen Freunde besuchen und werden vor Neid erblassen, wie kurz der Weg ist, um im Meer zu schwimmen. Und Nazis gibt es leider Gottes auch woanders.*

Und wenn sie mit ihrem Studium durch sind, weinen sie wieder. Denn sie müssen Mecklenburg-Vorpommern verlassen, wenn sie keine Uni-Karriere anstreben.

Und Mecklenburg-Vorpommern zu verlassen, wenn man es erst kennengelernt hat, ist kein Leichtes. Das geht sicherlich den Stralsunder Fachhochschulstudenten nicht anders. Dort gibt es den einzigartigen Studiengang Baltic Management Studies.

Was Greifswald hat und Stralsund nicht:
Einen Van Gogh im Pommerschen Landesmuseum.

Was Stralsund hat und Greifswald nicht:
Den weltberühmten Hiddenseer Goldschmuck im Kulturhistorischen Museum.

Ich glaube, ich wollte schon im Mutterleib nicht in Greifswald sein, dennoch sind Erinnerungen da, die der Empfindung der Heimat näher kommen. (Wolfgang Koeppen)

Neubrandenburg

Neubrandenburg. Neubrandenburg, überlege ich, Tim Borowski, der Fußballnationalspieler, habe ich irgendwo gelesen, stammt aus Neubrandenburg. Aha. Und die Kumbernuss, Astrid, die schwere Kugeln weiter stoßen kann als jede andere Frau der Welt, die hat auch eine Verbindung zu Neubrandenburg. Mir fallen noch eine ganze Reihe mehr Olympiasieger und Weltmeister ein, während ich über die drittgrößte Stadt meines Bundeslandes nachdenke. Auch Angela Merkel muss diese Stadt in den Sinn gekommen sein, als sie sich 2008 ein paar Gedanken im Vorfeld der anstehenden Olympiade in

Peking machte. Sie reiste nämlich nach Neubrandenburg, um von hier aus allen deutschen Sportlerinnen
und Sportlern viel Erfolg zu wünschen. Unter den
wichtigsten Zielen der Oberbürgermeisterin findet sich
auf Platz 11: *Neubrandenburg als Sportstadt für alle erlebbar
bewahren* (Platz 6 etwas weniger umständlich formuliert:
Lösung des Verkehrsproblems).

Eine Sportstadt also ist Neubrandenburg, und tatsächlich fällt mir zu dieser Stadt auch kaum etwas anderes
ein. Erinnerungen an meine aktive Basketballkarriere
(die sich eben genau dadurch auszeichnete, dass sie weitestgehend aktiv war) werden wach. Es gab nie einen
Grund für mich, nach Neubrandenburg zu fahren, außer
einigen Punktspielen. Seither verbinde ich mit Neubrandenburg hochgewachsene Damen. Die Neubrandenbur-
gerinnen waren die Bohnenstangen, die Rostockerinnen
die Brutalos, die Schwerinerinnen die Schönen, die Wus-
trower die vom Dorf. So wusste ich schon früh, die
Meck-Pommerinnen ihrer Herkunft entsprechend ein-
zuordnen. Eine der neubrandenburgischen Bohnenstangen verwies gerne auf die vier Stadttore, immer und
immer wieder. *Was gibt es denn hier Besonderes? Vier Stadttore! Was kann man denn hier machen? Vier Stadttore. Wo
können wir denn eine Fanta trinken? In der Nähe vom Stadttor. Von welchem? Bei allen vieren.*

Niemand erzählte mir damals, dass es außer den vier
Stadttoren auch Brigitte Reimann hierher verschlagen
hatte. Sie war aus Hoyerswerda in den freundlicheren
Norden geflüchtet und hatte hier an ihrem Roman
Franziska Linkerhand weitergearbeitet. Über ihre neue
Heimat schrieb sie: *Eine muntere Gegend, in der man noch*

was übrig hat für die handfesten Freuden des Lebens ... Wirklich eine schöne Atmosphäre.

Auch von anderer Seite habe ich gehört, dass damals die Atmosphäre im Norden freier, freundlicher und offener war als im Süden der DDR. *Wer weg wollte und die Flucht über die Grenze nicht wagte, musste in den Norden,* erzählte mir ein ausgewanderter Brandenburger. *Da hatteste Weite und Luft und wusstest, hinter dem Horizont geht's weiter.*

Fri! Fri! un denn Landluft un Landbrod un von morgens bet's abends en deipen Drunk frische Luft ... − so beschrieb es bereits Fritz Reuter, einer der bedeutendsten plattdeutschen Autoren, obwohl die DDR zu seiner Zeit noch lang nicht existierte. In Neubrandenburg schaute der aus Stavenhagen stammende Reuter dem Volk *aufs Mul* und wurde zum meistgelesensten Volksautor Mitte des 19. Jahrhunderts. Ebenfalls gerne und viel gelesen: Fontane, der in Neubrandenburg unter anderem seinen *Stechlin* verfasste.

Also: Neubrandenburg, die frischlufthaltige Sportstadt mit vier Stadttoren und einem Verkehrsproblem, in der überaus große Literatur entstand.

Tipp: Wer sich in Neubrandenburg die vier Stadttore angesehen hat, kann sich anschließend wunderbar am nahen Tollensesee erholen und dabei Reimann oder Fontane lesen. Der Radweg um den Tollensesee zählt zu den schönsten an der Mecklenburger Seenplatte.

Schwerin

Meine Freundin behauptete, Braunschweig wäre die am meisten unterschätzte Stadt (sie ist dort aufgewachsen). Ich sagte: *Gut, aber dann ist Schwerin wenigstens die am meisten unterschätzte Stadt Mecklenburg-Vorpommerns.* Das sagte ich damals allerdings nur, weil ich keine Lust hatte, an jenem warmen Sommertag zu diskutieren. Eigentlich hätte ich vehement widersprechen müssen, denn Schwerin ist genau genommen generell unterschätzter und noch viel schöner als Braunschweig. Ich meine, kann man in Braunschweig mit dem Boot vor einem Märchenschloss vorfahren? Ich glaube kaum. *Braunschweiß*, sagte der Bruder meiner Freundin, weil er den Namen als Kleinkind nicht aussprechen konnte. Hingegen mein Bruder zu Schwerin – *Schwanin* sagte. Und was klingt anmutender? Schwäne gibt es jedenfalls in der Stadt mehr als genug. Sie ziehen ihre Kreise auf den vielen Seen. Wer vom Schweriner Dom hinunterschaut, der sieht Blau. Ein Viertel der Stadtfläche besteht aus Wasser: aus dem Pfaffenteich und dem Schweriner See, der zu den größten Binnenseen Deutschlands zählt, aus dem Ziegelsee, Lankower See, Fauler See, Ostorfer See, Neumühler See, Medeweger See sowie Burg- und Heidensee. Der Schweriner schwimmt da, wo sich andere mit der U-Bahn durch die Stadt quälen. Der Schweriner segelt da, wo andere aufs Rad steigen. O Schwerin, Stadt der sieben Seen, wie viele Seen hast du wohl tatsächlich? Oder auch: Schwerin, kleinste Landeshauptstadt, wer soll sich mit dir messen? In welcher anderen Landeshauptstadt thront die Regierung in einem Schloss, in *so* einem Schloss mit Türmchen und Kuppeln und Erkern und Giebeln und sechshundert Zimmern? Ach Braunschweig, was willst du dem bloß entgegensetzen (Meine Freundin: *In unserem Schloss kann man shoppen*)? Deine Altstadt? Pah, bummel durch Schwerin, geh zum Marktplatz, und sieh den gotischen Dom, das barocke Rathaus, das klassizistische Säulengebäude, schau dir die barocke Schelfstadt an mit den Fachwerkhäusern aus dem 18. Jahrhundert und den bronzenen Schweinen auf dem Schweinemarkt (Meine Freundin: *Wir haben einen bronzenen Löwen.* Etwas kleinlauter Nachtrag: *Oder einen eisernen*). Gehet baden, gehet segeln oder fahret raus, wie es der Schweriner tut, an die struppigen Strände des Klützer Winkels zwischen Wismar und Lübeck. Braunschweig, wo gehst du baden (*Wir gehen in den Harz zum Wandern. Und in welche Berge geht ihr??*)? Braunschweig, du wirst sehen, Schwerin ist schön. Eine Stadt, in der der Offene Kanal *Fisch.TV* heißt und die bekanntesten Persönlichkeiten das Petermännchen (der Schlossgeist mit finsterem Gesichtsausdruck, Federhut, Halskrause, Brustpanzer und Sporen) und eine Blumenbinderin (Bertha Klingberg, genannt die Blumenfrau, erhielt als bisher Erste und Einzige den Ehrenring der Landeshauptstadt Schwerin; 2005 im Alter von hundertsieben Jahren verstorben) sind, kann nicht verkehrt sein.

Braunschweig und all ihr anderen, unterschätzet nicht diese Stadt! (Meine Freundin: *Wieso? Schwerin wird doch nur von euch Einheimischen unterschätzt. Wir anderen wissen doch, dass die Stadt wunderschön sein muss.*)

Wismar

Wenn ich an Wismar denke, befällt mich sogleich ein schlechtes Gewissen. Noch immer schulde ich einer Wismarer Freundin einen Schlüsselanhänger. Ich hatte ihn seinerzeit von ihrem Schlüsselbund abgemacht, weil ich diesen großen dicken Kopf-Anhänger in keine Hosentasche bekommen hätte, als ich ihren Schlüssel aufbewahren sollte. Als Wismarerin wird sie den Kopf, ungeachtet seiner Größe, mit Stolz in jeder Tasche getragen haben, aber ihren Schlüssel bekam sie damals blank zurück, und ich besitze diesen Kopf, der mich dann und wann vorwurfsvoll ansieht. Dieser und ein zweiter Kopf bilden das Wahrzeichen der Stadt Wismar. Es handelt sich um zwei *Schwedenköpfe* mit barock bunter Bemalung, zwei fesche Herrenköpfe mit schwarzem Schnauzer und schwarzem Haar unter einem ganz merkwürdigen braunen Hut. Schauen Sie genau hin, was die Herren auf dem Kopf tragen, wenn Sie die beiden im Hafen vor dem *Alten Baumhaus* besuchen. Die Herkunft und die Bedeutung der Köpfe sind nicht sicher nachzuweisen. Wahrscheinlich gehörten sie damals zum üblichen Heckschmuck eines Segelschiffes und wurden Anfang des 19. Jahrhunderts zur Erinnerung an die Schwedenzeit aufgesetzt. Bald dreihundert Jahre dauerte die Schwedenherrschaft in Wismar. 1803 wurde die Stadt von Schweden an das Herzogtum Mecklenburg verpfändet. Erst ein ganzes Jahrhundert später verzichtete die schwedische Krone auf Einlösung des Pfandes, und Wismar wurde Mecklenburg angegliedert. Daher sind wir Meck-Pommer auch nicht nur Fischköppe, sondern tragen ohnedies den Beinamen Südschwede. Wenn Sie einen Einheimischen mit *Na, alter Südschwede*, anstatt mit *Na, oller Fischkopp* ansprechen, macht das sicherlich was her.

Wismar, Hafenstadt und Hansestadt – das Übliche in Mecklenburg-Vorpommern mag man denken, doch bekommt die *Schwester Stralsunds* eine nicht uninteressante Note, wenn man weiß, dass Friedrich Wilhelm Murnau diese Stadt als Kulisse seines Horrorfilms *Nosferatu – Eine Symphonie des Grauens* wählte. Etliche Szenen des Klassikers aus dem Jahr 1922 wurden hier gedreht (mittlerweile ist die Gruselkulisse in der ZDF-Serie *Soko Wismar* zu bewundern, wobei das Gruselige daran heute nicht mehr die Kulisse ist).

Was ist denn an Wismar so gruselig, fragen Sie? Auf den ersten Blick überhaupt nichts, im Gegenteil, eine hübsche Stadt ist das, Weltkulturerbe der UNESCO sogar, große Werft, riesengroße Werft, modernstes Holzverarbeitungszentrum, älteste Windmühle und super Kaffee vom Nicaraguaner Javier Román (*Cafeshop Especial*). Es gibt schöne Gebäude und nette Cafés, wie man so sagt. Jenseits der sechswöchigen Touristenhochzeit kann man ab 20 Uhr wunderbare Lochkamerafotos mit einer Spiegelreflex und Schwarz-Weiß-Film machen. Die Straßen sind dann so schön leer wie in den meisten Städten Mecklenburg-Vorpommerns, dass ihnen kein Mensch vor die Linse laufen wird. *Das ist gemein*, beschwert sich meine Mutter über meinen Lochkamerascherz, und dann denken wir beide stumm an die Stralsunder Fußgängerzone im Herbst, Winter und Frühjahr, und dann wissen wir: Lustig ist das eigentlich nicht.

Zurück zu Wismar. Um ehrlich zu sein, weiß ich nicht, was an Wismar gruselig sein soll, auch nicht auf den zweiten Blick. Ich mag die Stadt sehr. Ich mag den ständig von Seilen, Segelmasten und Kränen durchzogenen Blick. Aber am meisten mag ich, wenn der Weihnachtsmann nach Wismar kommt. Der kommt nämlich nicht auf dem Schlitten oder rutscht durch den Schornstein. Er kommt direkt vom Segelschiff, denn sein Weg aus dem kalten verschneiten Norden endet im Wismarer Alten Hafen. Jedes Jahr zur Eröffnung des Weihnachtsmarktes wird er von den Wismarern und seinen Gästen dort empfangen. Schön auch, dass sich hier der bärtige Mann nicht nur mit Mutzen und Lebkuchen den Bauch füllen muss, sondern auch einen anständigen Rollmops bekommt.

Hinweis: Nichts fasst so treffend die Sehenswürdigkeiten und die Größe der Stadt Wismar zusammen wie folgende Entfernungsangaben auf der Website des Hotels *Zum Alten Braugasthaus.*
Entfernungen zum Hotel *Altes Brauhaus:*

Marktplatz	ca. 5 Min. zu Fuß
Alter Hafen	ca. 5 Min. zu Fuß
St.-Georgen-Kirche	ca. 2 Min. zu Fuß
Heilig-Geist-Kirche	ca. 1 Min. zu Fuß
Aker Werft	ca. 15 Min. zu Fuß
Fußgängerzone	ca. 4 Min. zu Fuß
Schabbellhaus	ca. 10 Min. zu Fuß

Tipp: Wenn Ihnen die Aker Weft zu weit entfernt ist, nehmen Sie ein Taxi. Taxi: ca. 2,5 Minuten.

Stralsund

Ach, da bin ich schon mal durchgefahren, ist ein Satz, den jeder Stralsunder mindestens so oft gehört hat wie die Schwerter nahe Dortmund oder die Fehrbelliner bei Berlin das obligatorische: *Ach, das ist doch eine Autobahn-abfahrt*. Genau. Durch Stralsund sind Sie womöglich schon mal durchgefahren. Es ist allerdings keine schnöde Autobahnabfahrt, sondern nicht weniger als das offizielle Tor zu Rügen, der Abfahrtshafen nach Hiddensee, Herberge eines Boris Becker Autohauses, die Stadt, die die Sanierung ihres Theaters mit Mitteln aus dem Verkauf des städtischen Krankenhauses finanziert hat, eine stolze Hansestadt mit vier Kirchen. Einmal überraschte mich ein Herr mit der Aussage: *Ach, das ist doch die Stadt mit den rosa Häusern.*

Nein, nein, entgegnete ich mit einer Note Überheblichkeit, *also rosa Häuser sind da nicht. Da ist eher so Backstein, und der ist dunkelrot.*

Ich war mir sicher gewesen, dass der Herr etwas verwechselte. Aber als ich wenig später zu Besuch in meiner Heimat war, schien mir, man hatte flugs jedes zweite Haus rosa gestrichen.

Seit wann ist denn hier alles so rosa und gelb, fragte ich meine Eltern.

Schon immer, sagten sie mit der gleichen Selbstverständlichkeit, mit der sie mir früher weismachen wollten, unsere gezüchteten Kaninchen wären in die Freiheit gehoppelt und das Stück Fleisch, das kurz nach dem Freiheitsritt der Hasen auf meinem Teller landete, wäre ein altes glücklich gestorbenes Schwein. Nach einer längeren Unterhaltung unter Sturköppen konnten wir uns darauf einigen, dass sich die Stadt nach meinem Weggang farblich doch etwas verändert hatte. Grau wurde bunt. Aufbau Ost. Restaurierung. Sanierung. Fördermittel.

Allerdings musste ich auch gestehen, dass die Häuser schon eine ganze Weile rosa waren, ich es nur nicht bemerkt hatte. So ist das mit den Dingen, die man zu kennen meint. *Man weiß ja gar nichts*, wie meine Oma zu sagen pflegt. Ja, man weiß ja gar nichts. Und deshalb ist es mir auch unmöglich, Freunde aus der Fremde durch meine Stadt zu führen. Ich beanspruche zu diesem Zweck gerne meine Eltern. So auch, als meine französische Freundin Marie-Jo mit ihrem Mann zu Besuch war. Meine Eltern erklärten, dass das aus dem 13. Jahrhundert stammende St.-Katharinen-Kloster in seiner fast vollständig erhaltenen Anlage zu den größten fast vollständig erhaltenen Klosteranlagen Norddeutschlands gehört. Auch für das andere Kloster, das St. Johannis, hatten sie Zusatzinformationen parat, die ich, so gut ich konnte, übersetzte.

Marie-Jo, Marie-Jo, Tür, Tür, rief meine Mutter plötzlich und fuchtelte wild mit den Armen. Meine Freundin Marie-Jo lächelte und nickte. Sie spricht kein Deutsch und meine Eltern kein Französisch. Und erst jetzt sah ich, dass diese Tür, die ich viele Jahre jeden Morgen auf dem Weg zur Schule passiert hatte, ganz wunderwunderhübsch war. Lange Zeit waren mir weder die dunkelroten Klöster noch die rosafarbenen Kaufmannshäuser in meiner Stadt aufgefallen und erst recht keine aufwendig bemalten Türen.

Und was sich unter anderem noch verändert hat:

Die Volkswerft: Zu DDR-Zeiten waren 52 000 Arbeitnehmer bei den meck-pommerschen Werften beschäftigt, heute sind es circa 4600. Ziemlich abgespeckt ist, was das betrifft, auch die Stralsunder Volkswerft, deren riesengroße blaue Schiffshalle bei mir ein stärkeres Zuhausegefühl hervorruft als die Kirchtürme oder der Hafen. Zugelegt hat die Volkswerft wie die anderen meck-pommerschen Werften, was die Größe der Schiffe anbelangt. 2008 stand ich mit einem gelben Helm direkt vor diesem riesengroßen, fast 300 Meter langen Containerschiff. Ein unglaublicher Anblick, dem man nicht traut, wenn man schon Hunderte von streichholzschachtelgroßen Containerschiffen am Horizont hat entlangschippern sehen. Die modernsten und größten Containerriesen auf den Weltmeeren stammen aus meiner Heimat, an etlichen von ihnen hat mein Vater höchstpersönlich mitgearbeitet. Früher war die Eigentümerfrage der Volkswerft leicht zu beantworten, heute bin ich verunsichert, ob sie noch den Dänen gehört oder vielleicht, wie im Fall der Wismarer Werft, die Norweger einen Großteil schon an russische Investoren verkauft haben.

Die Sundpromenade: Wir haben zwar keine Strandpromenade, dafür aber eine Sundpromenade. Wer wissen möchte, wie der Hamburger fühlt, läuft einmal um die Alster herum, wer den Stralsunder verstehen will, sollte die Sundpromenade entlangspazieren, denn Gleiches tut der Einheimische tagaus, tagein. Gründe dafür gibt es viele. Als Kind muss er dort mit Mama oder Papa Schwäne füttern, als älteres Kind gelangt er via Sundpromenade in die Badeanstalt, der Jugendliche spaziert hier Händchen haltend mit der ersten Liebe, der Erwachsene besucht im angrenzenden Krankenhaus seine Angehörigen, der alte Mensch sitzt auf der Bank und starrt voller Rührung auf die Schönheit seiner Stadt. Als Jungpionier führte mich ab und an ein Schulausflug zur Sundpromenade, denn dort steht das Denkmal des Freiheitskämpfers Ernst »Teddy« Thälmann. Blumen wurden feierlich niedergelegt. Heute sitzt man gerne neben Thälmann auf der neuen Dachterrasse des *Ventspils* (Sundpromenade 1a). Dort, wo früher in einem grauen Etwas Jugendweihen veranstaltet wurden, kann man nun die Stralsunder auf ihrer Promenade beim Flanieren beobachten. Fisch soll im *Ventspils* gut sein. In jedem Fall gut ist er im ältesten Restaurant Stralsunds *Zur Kogge* (Fisch überall gut).

Das Meeresmuseum: Im Juli 2008 eröffnete Frau Dr. Merkel den größten Museumsneubau Deutschlands – das 60 Millionen Euro schwere Ozeaneum. Früher war es schon eindrucksvoll, was hinter den von platt gedrückten Kindernasen ganz fettigen Aquarienwänden hin und her schwamm, aber heute hat man im Neubau am Hafen noch weitaus mehr zu bestaunen, zum Beispiel das Schwarmfischbecken, in denen die Kinder und ihre Eltern sehen können, wie lebendige Rollmöpse aussehen. Die Umsetzung der architektonischen Idee des Baus (von Wasser umspülte Steine) findet nicht bei jedem Stralsunder Gefallen. Einige mochten ihren Hafen mit den Speichern *so, wie er war* (Zitat: »Ohne Klorollen dazwischen«), lieber, aber man sieht ein, dass man Frau Merkel heutzutage was bieten muss, damit sie mal wieder vorbeikommt.

Die Rügenbrücke: Früher nichts weiter als eine Notwendigkeit, heute der ganze dreispurige Stolz des Stralsunder Bürgers. Wirft man einen Blick in Internetforen, haben dort, wo bei anderen Internetbenutzern ein Foto oder eine Comicfigur wie Homer Simpson in ihrem Profil auftaucht, viele Stralsunder und Rüganer ein Abbild ihres neuen Jahrhundertbauwerks. Wie das neue Näschen einer Hollywoodschauspielerin gibt die blaue Schönheit der Stadt ein neues Gesicht, ein schöneres, eleganteres, moderneres Gesicht. Früher stand man mitunter sehr lang im Stau vor der alten Klappbrücke, heute fährt man die Neue hoch und runter und lässt seine Assoziationen schweifen. Als ich mit einem Freund im Dunkeln Richtung Stralsund fuhr, sagte er oben auf der Brücke: *Mensch, das ist ja hier, wie nach San Francisco reinfahren. Ja*, sagte ich, *ich wusste gar nicht, dass Stralsund so viele Lichter hat.*

Angela Merkel: Früher, damals noch, war sie eine von uns. Ihre Karriere nahm in den Straßen meiner Stadt ihren Anfang. So wie die Kelly Family stand sie hier auf dem Kopfsteinpflaster und war eine zum Anfassen. Heute ist sie umringt von muskulösen Männern, wichtigen Männern, von vielen Männern. Sie gibt uns Stralsundern noch immer das Gefühl, ein besonderes Auge auf uns zu haben, aber an ihrem Nebentisch sitzen und vorzutäuschen sie nicht zu kennen, um sie en passant nach der Uhrzeit zu fragen, kann man heute leider kaum noch.

Straßenverlauf: Meine Orientierung war nicht die beste, aber inzwischen ist sie ziemlich zuverlässig. Ich habe in den letzten Jahren die Chance bekommen zu trainieren. Mir macht heute keiner mehr was vor. Mein Vertrauen in meine Leistung geht so weit, dass ich sogar widerspreche, wenn einer sagt, wir müssten jetzt da links lang, und ich aber weiß, nein, wir müssen definitiv nach rechts. Grund für mein heutiges beinahe weltmeisterliches Orientierungsniveau ist der neue Straßenverlauf meiner Heimatstadt beziehungsweise um sie herum. Früher war das alles nicht sonderlich aufwendig mit den Straßen. Die Autos fuhren einfach alle, bis nichts mehr ging, die Greifswalder Chaussee entlang und stellten sich brav ans Stauende nach Rügen. Heute versucht man als Autofahrer der Logik der Ortsumgehung zu folgen. Man ahnt, dass man mindestens fünf Schleifen zu viel gefahren ist, und bekommt hin und wieder eine kleine Panikattacke, weil man plötzlich aus der Lethargie hochschreckt und sich fragt, ob man inzwischen zum Geisterfahrer geworden ist oder ob das so sein muss, dass hier kaum einer ist. Anfänglich wurde zudem eine adäquate Ausschilderung verpasst, sodass ich oft genug da gelandet bin, wo ich niemals landen wollte. Und weil ich irgendwann so die Nase voll davon hatte, habe ich angefangen, einfach den richtigen Weg zu finden. (*Der Küstenmensch ist näher am Unbewussten.* Zitat aus der Goor-Wald-Broschüre).

Bus fahren: Früher konnte man noch ganz normal Bus fahren, auch nach 20 Uhr. Heute sitzt man um diese Zeit in einem Anrufsammeltaxi (AST).

Hafensilhouette: An dieser Stelle möchte ich einen bei stern.de verbreiteten Irrtum aufklären. Nach Aussage eines jungen Nachwuchsjournalisten war *die Hafensilhouette der Hansestadt bisher von Volkswerft, grauen Plat-*

tenbauten und leblosen Fabrikgebäuden bestimmt. Seit der Eröffnung der neuen Rügenbrücke sei nun *das neue Tor zur Insel Rügen der Blickfang schlechthin.* Die Silhouette Stralsunds war jedoch zu keiner Zeit von grauen Plattenbauten und leblosen Fabrikgebäuden bestimmt. Da hat dem Nachwuchsjournalisten sein Vorurteil gegenüber einer ostdeutschen Stadt ein Schnippchen geschlagen. Er hätte sich besser zu seinen Kollegen im Pressezentrum auf der im Stralsunder Hafen vor Anker liegenden *Gorch Fock* gesellt, als die Brücke eröffnet wurde. Es hätte ihm die backsteinrote Schamesröte ins Gesicht getrieben. Der graue Plattenbau ist nämlich ein ganz bezauberndes backsteingotisches Rathaus, die leblosen Fabrikgebäude sind in Wahrheit die vier Kirchtürme. Blaue Hafenkräne und die blitzende See geben der vermeintlichen Plattenbausilhouette den letzten Pfiff. Ich meine, auch Manhattan sieht vom Schiff aus ganz okay aus, aber die Hansestadt – ein Blick lohnt sich, und zwar schon immer. Daran hat sich nichts geändert. Nur die Brücke, ja, die ist neu.

Der kleine Unterschied

Mecklenburg und Vorpommern

Nein, nein, muss ich oft erklären. *Ich bin keine Mecklenburgerin. Ich komme aus Vorpommern.* Und dann guckt man mich immer so an, als nähme ich es etwas zu genau. Aber Mecklenburg ist nun mal Mecklenburg und Vorpommern ist Vorpommern. Und dass da ein kleiner Unterschied ist beziehungsweise eine kleine Disharmonie herrscht, darauf lässt schon ein Sprichwort schließen: *Weißt ok warüm de preußsche Adler de Tung utstreckt? – Weil hei den Meckelborger Büffel mal an'n Moors licken kann.* (Weißt du, warum der preußische Adler die Zunge rausstreckt? Weil er den Mecklenburger Büffel mal – Verzeihung – am Arsch lecken kann.) Die Fahne Mecklenburgs ist rot-gelb-blau mit oder ohne Ochsenkopf, die Fahne Vorpommerns: blau-weiß mit oder ohne roten Greif.

Auch wenn die Ostseewellen ein und desselben Meeres an den Strand ein und derselben Regionen trecken und sowohl die einen als auch die anderen wendische Wurzeln haben und sowohl die einen als auch die anderen Fischköppe sind und sich in ihrer Bräsigkeit und dickschädeligen Art ähneln, so wollen doch nicht alle Mecklenburger Ochsen und preußschen Adler über einen Kamm geschoren werden; der Mecklenburger eher etwas verschlafen, der Pommer eben ein Preuße. Als es nach der Wiedervereinigung um Grenzen innerhalb des Landes ging, wollten einige Vorpommern lieber zu Brandenburg gehören. Der Bindestrich, der die Mecklenburger und die Pommern vereint, existiert noch nicht lang genug, als dass man sich hier im Norden daran gewöhnt hätte, wo immer eine ganze Weile länger an dem festgehalten wird, was man hat. Und da sowohl die Mecklenburger als auch die Vorpommern so gut und gerne festhalten, wird manches noch eine Weile länger dauern.

Da Pommern vor 1945 doppelt so groß war wie Mecklenburg und jetzt als Vorpommern gerade mal ein Drittel Mecklenburg-Vorpommerns ausmacht und obendrauf die Bezeichnung Vorpommern vier Jahrzehnte lang verboten war, muss man den kleinen Minderwertigkeitskomplex Vorpommerns verstehen. *Wenn es etwas zu verteilen gibt, denkt selbst Schwerin, wir gehören schon zu Polen*, hörte ich schon manchen Vorpommern, den der Mecklenburger auch gerne Vorpole nennt, schimpfen. Womöglich war es auch ein sich benachteiligt fühlender Vorpole, der die A 20 abgemessen und festgestellt hat, dass sie in Vorpommern 25 Zentimeter schmaler ist.

Die Grenze zwischen M und V zieht sich zwischen dem Fischland und dem Darß (zwischen Wustrow und Ahrenshoop) schräg hinunter in die Polen-Brandenburg-MV-Ecke. Das bedeutet, Vorpommern hat die schön herausgeputzten Inseln, allerhand Küste, von der Seenplatte hat es nichts und auch keine der beiden größten Städte Rostock oder Schwerin.

Da ich mich in Lokalen nicht gerne in die Mitte setze, sondern eher an den Rand, muss ich sagen, ich mag das Gefühl eine Vorpommerin zu sein; niemanden im Rücken, der mir unerwartet von hinten auf die Schulter klopft. Dafür ist der Mecklenburger vielleicht einen Funken weltoffener und selbstbewusster. Er sagt zwei, drei Worte mehr und hat mit seiner Vergangenheit weniger zu hadern. Für einen Außenstehenden ist das schwer nachzuvollziehen. Er spürt weder die grundsätzlichen Unterschiede noch die Nuancen. Und man kann sie auch nicht erklären. Dafür gibt es aber einen Test, mittels dem der unwissende Tourist herausfinden können soll, ob er sich in Mecklenburg oder Vorpommern befindet, den Gurkentest. Und der geht so: *Man kauft in Mecklenburg-Vorpommern 100 Gurken. Bekommt man 101, ist man in Mecklenburg; bekommt man 99, ist man in Vorpommern.* Ich finde den Test allerdings nicht besonders zuverlässig. Als ich ihn mit einem Zehn-Gurken-Kauf ausprobierte, habe ich sowohl in Mecklenburg als auch in Vorpommern tatsächlich zehn Gurken bekommen.

Ostseeküste und Seenplatte

Im Magazin der *Süddeutschen Zeitung* forderte der Journalist Norbert Thomma ganz richtig, *mäßig begabte Werbetexter an der tiefsten Stelle des Plauer Sees* für ihre werbende Beschreibung von *Natur pur* zu versenken. Natur pur — da denken Sie vielleicht, dass die Natur bei Ihnen zu Hause auch ganz schön ist. Und Sie denken, dass Mecklenburg-Vorpommern schon mehr zu bieten haben müsste, um Sie zu locken. Da fahren Sie lieber nach Finnland oder nach Kanada, da gäbe es auch Natur pur. Bitte fahren Sie doch nach Finnland oder Kanada. Ich kann Ihnen nur sagen, dass Sie beides auf einmal haben können, und das ohne einen anstrengenden Flug. Auch in Finnland oder Kanada müssten Sie für ein bisschen Trubel meilenweit fahren und sähen nichts außer Seen und Wälder. Führen Sie nach Mecklenburg-Vorpommern, bekämen Sie Seen und Wälder satt und hätten es für den Trubel auch nicht weit. Die Weltstadt Berlin ist in zwei Stunden zu erreichen, die Reeperbahn ebenfalls.

Es verhält sich nämlich so: Mecklenburg-Vorpommern besteht gar nicht nur aus diesen Seebädern, mondän oder beschaulich, da gibt's nicht nur die weißen aufgemotzten Villen, die Seebrücken mit den runden Laternen und den Möwen auf dem Geländer, nicht nur die Touristen, die nebeneinander im Sand liegen und ihre Bäuche grillen. Es gibt in Mecklenburg-Vorpommern nicht nur ein Meer, es gibt auch über tausend Seen und kleine Stege, die dort seebrückenartig hineinragen, und es gibt die unglaublich schönen fliegenden Edelsteine, genannt Eisvögel, und ein Grillplätzchen am Wasser. Es gibt nicht nur Fähren und Zeesenboote und Dampfer und größere Schiffe, sondern auch kleinere, indianerartige; Ruderbote, Kajaks, Kanus – so was. Es gibt nicht nur die Ostseeautobahn A 20 und die Deutsche Alleenstraße, sondern auch die Lehm- und Backsteinstraße, und die führt nicht zum Nationalpark Vorpommersche Boddenlandschaft, sondern in den Müritz Nationalpark, der größten zusammenhängenden Seenplatte Mitteleuropas. Ins *Eldorado für Wassersportler,* wie es in ausnahmslos jedem Reiseführer heißt, in dem man mit Sicherheit auch noch die Formulierungen *Die Stadt lädt zum Verweilen ein* und ... *befindet sich der Mensch im Einklang mit der Natur* finden wird müssen.

Und obwohl es offensichtlich keine ernst zu nehmenden Gebirge in Mecklenburg-Vorpommern gibt, kann man wandern – Wasserwandern. Tagelang kann man mit dem Kanu, Kajak oder Ruderboot über die zumeist miteinander verbundenen Seen fahren, vorbei an Schilf und an Orchideenwiesen. Was auf der Route 66 die Motels, in den Gebirgen die Hütten, sind in Mecklenburg-Vorpommern die Zeltplätze, auf denen es zu nächtigen gilt. Hier eine feuchte Seebrise, da ein Fichtenduft, so ähnlich formulierte es Theodor Fontane, der noch weiter ging mit seiner Bewunderung für eine außergewöhnliche Region. Er verglich das Herzstück, die Müritz (zweitgrößter Binnensee Deutschlands), mit dem Tanganjikasee in Ostafrika. Finnland, Kanada (Bären gibt es im Bärenwald Müritz auch), Ostafrika – all das bietet die Mecklenburgische Seenplatte zwischen

Schwerin und Neubrandenburg. Was immer Sie wünschen.

Inmitten weiter Wiesen, Felder, Wälder, Moore und Heidelandschaften liegen die kleinen und großen und noch größeren Pfützen, die den weiten Himmel über sich spiegeln. Die Müritz, der Plauer See, Krakower See, Malchiner See, Tollensesee, Kölpinsee und all die unzähligen anderen, auf denen Boote oder Seerosen schwimmen, die im Gegensatz zu bayerischen zugebauten Großseen für jedermann beinahe jederorts zugänglich sind. Es ist an Ihnen, abgeschiedene Stille, entlegene Winkel zu entdecken. So wie man einen gemeinsamen Song haben kann, kann jedes Pärchen seinen eigenen See haben, der der ganz persönlichen Geschichte, ein ganz persönliches Plätzchen schenkt. Wer aussteigt, landet in einem der mecklenburgischen Dörfer mit spätmittelalterlichem Flair. Abgesehen vom Kölpinsee, den es als Seebad auch auf Usedom gibt, tragen Binz, Heringsdorf und Kühlungsborn an der Seenplatte folgende Namen: Waren, Plau und Röbel.

Angeblich ist es nach Jahren wieder schick, an der Ostsee Urlaub zu machen, noch schicker vielleicht an der Seenplatte. Als die Großmutter in Erich Kästners *Emil und die drei Zwillinge* das erste Mal am Strand ist, sagt sie: *Endlich weiß ich, wozu ich eine alte Schachtel geworden bin.* Die hätte man aber auf einem Paddelboot auch nach Waren schicken können, dann hätte sie es sicherlich auch gewusst.

Wer auf Italien steht, fahre an die Ostsee; wen Finnland oder Ostafrika reizen, komme zur Seenplatte.

Fortbewegen im Gebiet der Mecklenburgischen Seenplatte:

Boot: Leihen Sie ein Hausboot, denn Urlaub auf dem Hausboot ist laut Tochter einer Freundin: *Echt cool und viel cooler als im Hotel auf Mallorca oder so, wo Steffi immer hin muss.* Ihr Bruder Huckleberry hatte fürs *Floßmieten* gekämpft, konnte sich aber nicht durchsetzen (zum Beispiel *www.tomsawyertours.de* oder *www.floßverleih-treibgut.de*).

Kutsche: Wer sich weder fürs Hausboot noch das Floß begeistern lässt, dem sei eine Postkutschenreise (*www.postkutschenreisen.de*) ans Herz gelegt, denn die bringt auch Freude. Auf Tages- oder Mehrtagesfahrten werden Sie in alter Tradition durch die Seenlandschaft kutschiert, durch mittelalterliche Städte, vorbei an Schlössern, Feldern, Wäldern und Wiesen.

Auto: Die *Lehm- und Backsteinstraße* führt den Touristen zwischen Ganzlin, Lübz und Plau durch die Region. Lehm ist heute wieder ein moderner Baustoff. Umweltschonend und gesund. Zusammen mit Sand, Ton und Wasser gebrannt, wird er zum Backstein, dessen rote Farbe vielen meck-pommerschen Dörfern und Städten ihre roten Gesichter verleiht.

Fahrrad: Moore, Quellen, Findlinge, Höhenzüge – Die *Eiszeitroute Mecklenburgische Seenplatte* führt den Radfahrer durch die eiszeitlich modellierte Endmoränenlandschaft.

Bodden und Meer

Und wo isses?
Was?
Das Meer?
Na, da hinten.
Und wie soll ich da baden?
Warten, bis es wieder da ist.
Großartig!

Diesen Dialog oder so ähnlich führte ich mit meiner Mutter, als wir das erste Mal gemeinsam vor der von mir so gepriesenen Nordsee standen. Ehrlich, ich habe mit der Nordsee kein Problem. Ich finde sie ziemlich okay. Das ist keineswegs selbstverständlich – für einen Meck-Pommer. Der Ostsee ge- und verwöhnte Meck-Pommer meldet zum Teil starke Zweifel an der Ebenbürtigkeit des Nachbarmeeres an. *Es ist ja nie da, wenn man es braucht.* Der Meck-Pommer verlässt sich lieber auf etwas, das bei ihm bleibt. Mein Argument gegen die Nordsee ist ein anderes. Von mir aus soll sie ruhig mal verschwinden und dann wiederkommen. Ich komme mit diesem katzengleichen Verhalten klar, worin ich aber einen entscheidenden Vorteil der Ostsee sehe, ist deren Farbe. Die Nordsee ist grau, bestenfalls braun, aber die Ostsee gibt es in diversen Blau- und Grüntönen. Dafür aber ist die Nordsee wilder und riecht nach Salz, wie es sich für ein Meer gehört. Es macht Krach, wenn es stürmt. Die Ostsee ist ganz brav. Ostsee?, werde ich hin und wieder hämisch gefragt? Meer? Du kommst doch nicht vom Meer, du kommst von einem zu groß geratenen Brackwassertümpel!

Es stimmt. Stralsund liegt überhaupt nicht am Meer, sondern am mit Brackwasser gefüllten Bodden. Der Bodden ist ein durch Landzungen von der Ostsee abgetrenntes flaches Küstengewässer, gewissermaßen eine große Lagune. Aber Lagune klingt dem Meck-Pommer zu romantisch. Also haben wir keine Lagune, sondern den Bodden. Und weil das im Bodden vorhandene Brackwasser nur einen Salzgehalt von 0,1 bis 1 Prozent aufzuweisen hat, wundert's auch nicht, dass in meiner Heimat der Salzgeruch fehlt.

Mecklenburg-Vorpommern hat zwei Seiten – das Meer auf der einen, auf der anderen den Bodden. Die Touristen stürmen gerne zum offenen Meer hin, zu den Seebrücken und den weißen Villen mit bezaubernden Namen, dabei bietet die Boddenseite der Inseln und Halbinseln vielerorts soviel Schönes zu entdecken.

Das Meer ist Pathos und der Bodden Poesie. Ich weiß nicht mehr, wo ich das gelesen habe, aber ich bin einverstanden. In der Poesie finden seltene Tiere und Pflanzen zueinander. Eng nebeneinander und verzahnt liegen Land und Wasser, bilden unterschiedliche Lebensräume, die besonders für Vögel als Schlaf-, Brut und Ruheplätze interessant sind. Die Vegetation ist bunt, Nelkenrosa, Moosgrün, Schilfgelb. Schutz bot der Bodden zu DDR-Zeiten nicht nur den Tieren, sondern auch dem Regime. Um Republikfluchten zu vermeiden, war zum Beispiel Surfen auf der Ostsee verboten – auf den kontrollierbaren Boddengewässern erlaubt.

Würde ich mich zwischen Nordsee, Ostsee und Bodden entscheiden müssen – ich wählte freiwillig den Bodden, die Lagune. Das Auge isst schließlich mit.

Mole und Buhne

Natürlich ist Kommunikation an sich schon ein recht schwieriges Unterfangen. Selbst bei gleicher Sprache und gleicher Wortwahl ist ein Verständnis zwischen zwei oder mehr miteinander kommunizierenden Menschen keine Leichtigkeit. Noch schwieriger wird es, wenn man zwar die gleiche Sprache spricht, aber nicht die gleichen Worte kennt. So staunt der aus dem Westen stammende Deutsche über den Pragmatismus des Ostdeutschen, was zum Beispiel Objektbeschreibungen betrifft. Über *Waschtasche* amüsiert sich der Westdeutsche, hingegen der Ostdeutsche die Nase beim *Kulturbeutel* oder gar *Necessaire* rümpft. Aber im Allgemeinen wird doch früher oder später klar, um was es sich handelt. Wenn jedoch das Objekt selbst auf Unkenntnis stößt, dann wird es fast unmöglich. Darum möchte ich gerne ein für alle Mal die Bedeutung zweier Worte erklären, die in Mecklenburg-Vorpommern oft gebraucht und im Binnenland kaum gekannt werden: Mole und Buhne.

Während mein Bruder als Kind gerne auf einer Bühne stand, reichte es mir stets, auf einer Buhne zu balancieren. Eine Buhne ist ein in ein Meer oder auch Fluss gebauter Küstenschutz. An der Ostseeküste sind es zumeist kleine Holzpfähle. Das Laufen auf Buhnen ist gefährlich und auch verboten, weil sie von grünem Moos bewachsen und sehr glatt sind.

Ebenfalls Verwunderung ruft das Wort Mole hervor.
Wo habt ihr denn geangelt?
Von der Mole.
Wo?

Von der Mole.
Was ist das denn?
Die Mole in Stralsund ist für mich ein ganz entschei-
dendes Accessoire meiner Herkunft. Eine Mole ist eine
Art Damm, ein Wellenbrecher aus Stein, der ins Meer
hineinragt. Die Mole kann man wunderbar auf und ab
spazieren, etwas hinein ins Meer und wieder zurück, hin
und her, und man kann auch ganz vorne stehen bleiben
und, von Wasser umgeben, knutschen oder sich so seine
Gedanken machen und hin- und herlaufen, auf und ab,
und dabei hört man die Wellen gegen die Mauer schlagen, die einen schützt, und man kann sich auch auf die
Mauer draufsetzen und drauf spazieren, wenn man
übermütig wird. Die Mole ist so was wie ein kurzer Weg
um den Block, mal frische Luft schnappen, etwas für
Erwachsene. Die Buhne ist eher so was wie eine Mut-
probe für Kinder, ein Klettergerüst für Frechdachse.
Beide dienen dem Küstenschutz.

Heuherberge und Gutshaus

Es begann kurz nach der Wende. Die ersten Nachbarn
kauften einen schwarzen Edding und schrieben *Zimmer
frei* auf die Rückseite einer *Quelle*-Paket-Pappe. Aus
den anfänglichen Pappschildern wurden peu à peu moderne Schautafeln, aus *Zimmer frei – Bed & Breakfast*. Geblieben sind die Worte, mit denen damals wie heute die
Ferienzimmersaison im Land der sturen und maulenden
Fischköpfe endet: *Und nächstes Jahr vermieten wir nicht!*
Ferienzimmer finden Sie in Mecklenburg-Vorpom-

mern an jeder Ecke, und es ist definitiv die zuverlässigste Art, mit einem Einheimischen ins Gespräch zu kommen.

Wir hatten gestern telefoniert.

Ah ja.

Ja.

Aha.

Tja, wir sind et.

Ah, Sie sind it. Ihr Zimmer ist das da oben.

Der Blick richtet sich nach oben, dann kehrt der Zahnlose den Rücken und die Berlinerin zischt zu ihrem Gatten: *Ich hasse Gardinen.* (Szene im April 2008 in Stralsund, Ortsteil Devin).

Ferienzimmer sind das solide Mittelmaß, wenn es um die Urlaubsunterkunft in Mecklenburg-Vorpommern geht. Sie können es auch feudaler und teurer oder ursprünglicher und billiger haben, Gutsherr oder Stallknecht sein. Landschlösser, Herrenhäuser und (Sand)-Burgen sind nirgends in der europäischen Region so dicht gesät wie in Mecklenburg-Vorpommern. Zwischen dem 17. und 19. Jahrhundert hatte sich dort die für Nordostdeutschland typische Gutsstruktur entwickelt. Burg Schlitz und Basedow sind die meistbesuchten Schlösser. In Ulrichshusen befindet sich eines der bedeutendsten Renaissanceschlösser Mecklenburgs. Etwa zweitausend Schlösser und Herrenhäuser gibt es insgesamt, wovon etliche touristisch genutzt werden. Dienten sie nach der Bodenreform zu DDR-Zeiten noch als Kinder- und Ferienheime, Internate und Schulen, stehen sie Ihnen nun schön aufgemöbelt als Veranstaltungsort, Museum oder – vor allem – als Hotel zur Verfügung. Was an der Ostseeküste die weiße Bädervilla, ist im Landesinneren das Gutshaus.

Ich sehe Sie vor mir, wie Sie auf dem Weg ins ausgesuchte Gutshaus – Tipp: Auch mal bei eBay suchen – sind. Sie reisen mit dem eigenen PKW und werden wohl oder übel Antenne Mecklenburg-Vorpommern hören müssen oder sogar treffsicher die Ostseewelle einstellen, den beliebtesten Sender des Landes. Sie werden sich wundern, warum, obwohl doch die meck-pommersche Jugend auf und davon sein soll, im Dreißig-Minuten-Takt Rednex oder Roxette mit einem neu unterlegten Beat zu hören ist. Und wenn Sie sich darüber genug gewundert haben, dann fangen Sie sich an zu fragen, wie Sie eigentlich an Benzin kommen sollen. Als ich mit siebzehn an einer Sportveranstaltung teilnahm, liefen ich und meine Mannschaftskameraden im Keine-A-20-T-Shirt auf. Jugendliche Torheit würde ich das heute nennen, konnte ja nicht ahnen, dass ich erwachsen werden, mein Glück außerhalb des Landes suchen und froh sein würde, nicht mehr über die schlechte Hubbelautobahn nach Stralsund zu müssen. Heute würde auf meinem Trikot stehen: Keine A 20 ohne genügend Tankstellen. (Bitte denken Sie daran, in Berlinnähe zu tanken, wenn Sie an die Küste wollen.) Sie werden also vielleicht die Nerven verlieren, weil sich der Tankinhalt auf der neuen *Autobahn der Illusionen*, wie die *Zeit* sie nannte, langsam aber sicher dem Ende zuneigt, Sie Rednex jetzt nicht mehr ertragen können und zu allem Übel, je näher Sie der Küste kommen, Rowdys nerven, die fahren, als wären sie geradewegs auf dem Weg in die Hölle. Wären Sie jetzt in der Gegend von Braunschweig, hätten diese Verkehrsrowdys ein GIF für Gifhorn auf ihrem Nummernschild, in der Nähe von Hamburg, hätten Sie einen PI (Pinneberg) vor sich. In Mecklenburg-Vorpommern ist es entweder ein RÜG (Rügen), NVP (Nordvorpommern), NWM (Nordwestmecklenburg) oder ein OVP (Ostvorpommern). Sehen Sie diese Buchstabenverbindung durch die Windschutzscheibe oder im Rückspiegel, halten Sie bitte genügend Abstand und geben Obacht.

Der Tourist, der die Knechtvariante wählt, reist meistens auf dem Fahrrad an. (Die empfehlenswerte Broschüre *Mit dem Rad durch den Norden* kann beim Tourismusverband Mecklenburg-Vorpommern unter der Rufnummer 01 80/500 02 23 kostenlos bestellt werden.) Ich kenne sie alle, die touristischen Fahrradfahrer, die Rügen beradeln. Bin oft genug mit ihnen auf dem Schulweg zusammengestoßen, wenn sie während des Fahrens die Landkarte lesen, die in Landkartenhalterungen für Lenker klemmen. Selbstverständlich kann man mit dem Fahrrad von Gutshaus zu Gutshaus fahren, aber Sie als Knecht fahren natürlich von Heuherberge zu Heuherberge, schlafen auf dem Dachboden oder in der Scheune, erfüllen sich endlich den Traum, den Sie seit den *Fünf Freunden* haben: morgens mit einem Frühstück, bestehend aus einem Kanten Brot und einem Glas frischer Milch, direkt vom Stroh aus in den Tag zu starten.

Für Schlossherren:
www.auf-nach-mv.de (bis zu den *Schlössertouren* durchklicken)
www.gutsdorf.de

Für den Stallknecht:
www.m-vp.de/system/1651/heuherbergen.htm

Zugezogen und Einheimisch

Einheimisch (Ina, 36, Dipl.-Sozialpädagogin,
Geburtsort Demmin)
Warum MV?   Weil hier meine Wurzeln sind.
Freiwillig hier?   Fast immer.
Was fehlt?   Vielfalt und Offenheit.
Was ist anders?   Weite, Stillstand, Einfachheit.

MV ist…   schön.
Der MV sagt…   wenig.
Der MV denkt…   langsamer.

Auf eine einsame Insel nähme   Kartoffeln und Sämereien.
ich aus MV mit…

Von woanders brächte ich MV mit…   Leben.

Ich + MV   Das passt.
MV + Ich   Das passt auch.

Der Zugezogene braucht…   Wasser, frische Luft, Natur.
Der Einheimische will…   Perspektiven.
Der Tourist soll…   Wirtschaftsfaktor sein.

Ich würde MV verlassen,   es für mich wichtig wäre.
wenn...
MV ist MV weil...   es so ist.

MVs Zukunft   Morgen.
MVs Gegenwart   Heute.
MVs Vergangenheit   Gestern.

MV als Schauplatz in   Ostalgischer Spielfilm,
welcher Art Film?   Originalschauplätze vorhanden.

Zugezogen (Kathleen, 40, Lehrerin, Geburtsort Görlitz)
Warum MV?   Der Zufall wollte es ... oder war es Schick-
sal?
Freiwillig hier?   Nein, aber ich habe mich auch nicht ge-
wehrt.
Was fehlt?   Arbeitsplätze in bergiger Umgebung.
Was ist anders?   Die Luft und die Unendlichkeit des
Horizontes.

MV ist...   sanft und bescheiden.
Der MV sagt...   Ich liebe das Leben.
Der MV denkt...   Mann, seh ich gut aus.

Auf eine einsame Insel nähme   Das einmalig anziehende
ich aus MV mit...   Licht.

Von woanders brächte   Gesprächige Arbeitsplätze.
ich MV mit...

Ich + MV =   Fahrradfahrendes Team.
MV + Ich =   Harmonie.

Der Zugezogene braucht ...   ein Fahrrad und eine Fahr-
radkarte.
Der Einheimische will ...   seine Ruhe.
Der Tourist soll ...   die Ruhe respektieren.

Ich würde MV verlassen, wenn ...   die Ostsee leer wäre.
MV ist MV weil ...   das Land **M**ega **V**ielseitig ist.

MVs Zukunft   Bunt.
MVs Gegenwart   Rosig.
MVs Vergangenheit   Blass.

MV als Schauplatz in welcher Art Film?   Wirtschaftsthriller.

Rügen und ihre kleinen Schwestern

Rügen

Ein Kreidefelsen an der stürmischen See, im gelben Rapsfeld ein Jagdschloss (Granitz) und ein paar weiße Bädervillen entlang einer Strandpromenade, dazu eine schmucke Seebrücke mit einem Haus drauf (Sellin), eine dunkle Dampfwolke eines kleinen schwarzen Zuges (Roland), die hinter einer Baumallee emporsteigt – fertig ist Deutschlands größte Insel: Rügen.

Im Sommer verbrachten meine Familie und ich die Wochenenden und die Ferien wahlweise in Binz (Lieblingsostseebad meiner Mutter) oder Göhren (Lieblingsostseebad meines Vaters). Ich schmiss im Wasser mit Quallen um mich, aß danach Eis aus einer muschelförmigen Waffel, die es im fernen Stralsund nicht gab, und wartete auf die Kinder, die kommen würden, um mich mit nach Sundevit zu nehmen. Immer und immer wieder las ich im Strandsand liegend das Buch *Die Reise nach Sundevit* (mein Bruder neben mir las: *Ich, dann eine Weile nichts*), in der Tim, Sohn eines Leuchtturmwärters, am Strand auf eine Gruppe von zeltenden Jungen und Mädchen trifft, die ihn einladen, sie nach Sundevit zu begleiten. Noch vor wenigen Jahren war ich der festen Überzeugung, dass Sundevit ein Ort auf Rügen sei, den es irgendwo zwischen Poppelvitz und Schabernack geben musste. Aber zwischen all den Namen, die mir auf der Insel so sehr gefallen, findet sich kein Sundevit.

Als ich zu jugendlich wurde, um mit meinen Eltern die Wochenenden in Binz zu verbringen, fuhr ich mit dem Fahrrad von Stralsund aus nach Altefähr oder Grahlefähr, um zu baden. Beide Orte befinden sich gleich hinter dem Rügendamm, Altefähr links und Grahlefähr rechts. Beides machte mich unabhängig, hatte aber den Nachteil, dass ich sehr weit ins Wasser gehen musste, bis es mir nicht mehr nur bis zu den Waden reichte. Wenn man nicht mit dreijährigen Kindern reist, die man bedenkenlos im Wasser spielen lassen möchte, empfiehlt es sich, weiter an die Küste zu fahren, wo dann auch das Meer ein Meer ist, denn das Meer-Meer befindet sich nicht gleich hinter der Rügenbrücke. Ebenso wenig der Kreidefelsen und das Jagdschloss Granitz (schöner Blick vom Turm über Rügen). Gleich hinter der Rügenbrücke muss man sich erst mal entscheiden, ob man den schönen oder den schnellen Weg nehmen möchte, ob man lieber auf dem Kopfsteinpflaster der berühmten alten Alleen durchgerüttelt werden will oder ob man die breite schnelle Straße nimmt, die einen in etwa fünfundvierzig Minuten zum Kreidefelsen bringt. Entscheiden Sie sich für die schönere Möglichkeit, so folgen Sie der Beschilderung nach Putbus, für die schnelle Variante nehmen Sie die Richtung Bergen.

Sobald ich einen Führerschein besaß, kehrte ich wieder in Binz ein. Es war irgendwie schick und ziemlich cool, dort Cocktails zu trinken und Rendezvous beim Binzer Italiener zu haben. Das war wie von Bad Tölz nach München fahren, nur dass es sich mit den Größenverhältnissen der Städte konträr verhält.

Mittlerweile ist Binz für mich nicht mehr Cocktail, nicht mehr Muscheleis, sondern Ulrich Müther. Nie war mir als Kind das UFO in Binz aufgefallen, das in Form eines Rettungsturms am Strand steht. Als ich eines Tages vor ihm stand und die Augen öffnete, sah ich eine Architektur, die mich sofort faszinierte, über die ich mir aber bis dato keine Gedanken gemacht hatte. Ich kannte den *Teepott* in Warnemünde, das *Inselparadies* in Baabe, die *Ostseeperle* in Glowe und auch die *Seerose* in Potsdam oder das *Ahornblatt* am Spittelmarkt in Berlin (2000 abgerissen), aber erst als ich mit Anfang zwanzig das UFO beziehungsweise *den alten übergroßen Fernseher auf einem Sockel* bewusst wahrnahm, ging mir ein Licht auf. Alle Bauten stammen von ein und demselben Architekten: Ulrich Müther, in Binz geboren und gestorben. *Sonderbauten* nannte man zu DDR-Zeiten seine Kunst. Geschwungene, hauchdünne Stahlplatten mit einer dünnen Spritzbetonschicht bilden seine Dächer über ziemlich viel Glasfront. Seine Modelle baute er aus Sand und Fischernetzen. Und wer sich für Architektur begeistern kann und von Giebelhäusern und gotischem Backstein-irgendwas genug hat, der sollte sich auf Müthers Spuren begeben.

Erwachsensein und Cocktails trinken wollten wir einerseits und andererseits jung sein und aus Büchsen essen. Zelten wurde in meiner Clique populär. Dabei entdeckte ich die beiden südlichen Halbinseln Zudar und Mönchgut im Südosten Rügens. Dort erlebte ich, dass man sehr wohl seine Ruhe auf Rügen haben kann und beim Spazieren entlang der Kornfelder keine Men-schenseele treffen muss, dass es eben doch möglich ist, auf Rügen einen Strandabschnitt ganz für sich zu haben (Palmer Ort). Neben dem ruhigeren Zudar und dem ebenfalls weniger wuseligen Mönchgut, wo man die um 1400 von Mönchen errichtete Kirche in Middelhagen besuchen sollte, hängen am Rockzipfel des Mutterlan-des Rügen noch zwei weitere Halb- und eine ganze In-sel: im Norden das Windland Wittow mit dem Kap Ar-kona, im Nordosten die Halbinsel Jasmund mit den Kreidefelsen, und im Westen erreicht man über Rügen die eigenständige Insel Ummanz, die sich keine drei Meter über den Meeresspiegel erhebt.

Lange habe ich mit Rügen nicht richtig Freundschaft schließen können. Mir war die Insel zu wenig inselig, zu groß und zu touristisch. Doch mittlerweile habe ich Kreidefelsen, Rapsfeld, Bädervilla und Rasenden Ro-land einfach komplett gegen die Schönheit der ruhigen rügenschen Halbinseln und Ummanz eingetauscht und besuche und entdecke die größte Insel Deutschlands in-zwischen sehr gern.

Andere Bundesländer haben Almen, wir haben Inseln. Wir sitzen nicht auf einem Berg und schauen ins Tal hinab. Wir schauen geradewegs geradeaus. Wir klettern nicht, wir lassen uns treiben.

Rügen gehört sozusagen in die touristische Europaliga, dorthin, wo die Konkurrenz Korsika heißt, Sardinien oder Bornholm. Die Stubbenkammer gehört nach Dover, wo jede anständige weiße Klippe hingehört. Im Übrigen ist Rügen eine Insel des 19. Jahrhunderts. Der Schmelz dieser Zeit ist viel stärker als die dünne Schicht DDR, die sich wie Patina über alles gelegt hat. (Aus: »Rügen, Hiddensee, Stralsund. Der Reisebegleiter« Tom Peuckert)

Hiddensee

Offiziell gilt Hiddensee als kleine Schwester Rügens. Wie alle kleinen Schwestern ist Hiddensee bildschön, ein bisschen wild, ein bisschen unterschätzt und Liebling vieler Tanten und Onkel. Zu den berühmtesten Tanten und Onkeln, die Hiddensee stets bevorzugt haben, gehörten unter anderem Gerhard Hauptmann – sein Haus ist mittlerweile ein Museum –, der dänische Stummfilmstar Asta Nielsen, Albert Einstein, Joachim Ringelnatz und die Malerin Henni Lehmann, die ihr Anfang der Zwanzigerjahre erworbenes Haus durch einen blauen Anstrich zur *Blauen Scheune* machte. Es ist das letzte erhaltene *Rookhuus* (Rauchhaus), in dem der Rauch nicht durch einen Kamin, sondern durch Löcher und Ritzen im Dach entweicht. Neben dem Hexenhaus der Baba

Jaga zählte die *Blaue Scheune* zu den Traumhäusern meiner Kindheit.

Schon als ich noch klein war erschien mir die nur 19 Quadratkilometer große Insel wesentlich schöner und aufregender als Rügen. Nach Rügen reist man schnöde per Auto und ist von Stralsund aus in zehn bis fünfzig Minuten ziemlich genau da, wo man hin will, auf irgendeinem Großraumparkplatz, möglichst nahe dem nächsten Strand. Hiddensee, westlich von Rügen gelegen, erreicht man dagegen nur per Fähre oder, wer es schneller braucht, per Wassertaxi. Abfahrtshäfen sind Stralsund und Schaprode auf Rügen. Während der Überfahrt wird sich zwischen einem Paar Wiener und einem Apfelkuchen entschieden, dazu ein Käffchen und eine frische Brise an Deck, und irgendwer erklärt bestimmt irgendwem das Rezept der regionalen Spezialität, dem Schmoraal, den beinahe jede Hiddenseer Familie anders zubereitet.

Abgesehen von der Anfahrt, ist auch die Insel selbst sonderbar genug, um Kinder und Erwachsene gleichermaßen zu beeindrucken. Während Kinder auf eine seltsame Weise sofort in Verzückung geraten, wenn sie eine Kutsche mit vorgespannten Pferden sehen – und davon gibt es auf Hiddensee einige –, wundert sich der ein oder andere Erwachsene, dass er es tatsächlich ein paar Tage ohne sein Auto aushält und obendrein Wege von A nach B zurückzulegen vermag. Die Insel ist, abgesehen von einigen wenigen Versorgungsfahrzeugen, so autofrei wie zeltplatzfrei, womit zwei ungemein nervtötende Geräuschkulissen wegfallen.

A fashionable Badeort, nannte Billy Wilder die Insel, die

von oben aussieht wie ein Seepferdchen. Gerhard Hauptmann forderte: *Stille nur, damit es kein Weltbad werde!*

Das fashionable Seepferdchen kommt im Sommer auf vier Touristen pro Einwohner. Neben einer Handvoll Hotels, die durchweg empfehlenswert sind, vermietet nahezu jeder der tausendsiebenundachtzig Insulaner im Sommer ein Zimmer. Dabei kann man es ganz besonders gut und auch sagenhaft schlecht treffen – wie immer im Leben. Dafür hat man auf Hiddensee eine ziemlich hohe Trefferquote, was gutes Essen und freundliche Bedienung anbelangt. Vielleicht die höchste in Mecklenburg-Vorpommern. Und man hat nachweislich die besten Chancen auf Sonne. Hiddensee belegt Platz 1 unter den sonnigsten und trockensten Orten Deutschlands (auch wenn Usedom etwas anderes behauptet).

Ich mag sowohl den Frühsommer besonders gern, wenn die Heckenrosen, der Ginster, der Flieder und die Kastanien gleichzeitig blühen und die ganze Insel duftet, als auch den Herbst, wenn Hiddensee von Hagebutten rot und von Sanddorn orange gepunktet ist und der Wind dazu schon kräftig Touristen weggepustet hat. Ich mag aber auch im Sommer die im lauen Wind flatternde Wäsche und die violett blühende Heide zwischen Vitte und Neuendorf, die von der vierhundert Schaf starken Inselherde im Zaum gehalten wird. Und natürlich mag ich erst recht den Winter, wenn die Insel noch stiller ist als ohnehin schon, keine Autos weit und breit, die durch den Matsch preschen, und ein gemütlicher Schnack beim Tee mit Rum lockt.

Auf dem 17 Kilometer langen und an manchen Stellen gerade mal 250 Meter breiten *söten Länneken*, wie es die Einheimischen nennen, zwischen Ginster, Heide und Hagebutte, Meer und Leuchttürmen, Fischkuttern, Wind und Wetter und Trampelpfaden gibt es vier Orte. Das südlichste und gänzlich unter Naturschutz stehende Fischerdorf ist Neuendorf, der Ort, in dem einst der größte Wikingergoldschatz Deutschlands geborgen wurde. Aus der Ferne sieht es manchmal ein bisschen so aus, als hätte jemand eine weiße Perlenkette im Gras verloren. Hier stehen weiße Reetdachhäuser, den Eingang nach Süden gerichtet, auf grünen Wiesen, ohne Zäune, ohne fest angelegte Wege. Südlich von Neuendorf befindet sich ein bedeutendes Vogelschutzgebiet, das für die Öffentlichkeit nicht zugänglich ist.

Sechs Kilometer weiter nördlich und trotzdem einen anderen Dialekt sprechend, bewohnen sechshundert Hiddenseer den größten Ort: Vitte (sprich: Fitte). Hier befindet sich das Rathaus, eine Seebühne, der einzige EC-Automat und das älteste noch erhaltene Haus der Insel, das Zeltkino, das Hexenhaus sowie die Asta-Nielsen-(rund) und Henni-Lehmann-(blau) Häuser. Außerdem können hier im Inseldrogeriemarkt *Kiek in* Handwagen geliehen werden, die Kinder gerne zur persönlichen Kutsche mit ganz persönlichen Pferdchen machen.

Nördlich von Vitte liegt Kloster, der Kopf, das kulturelle Zentrum. Hier befinden sich die Inselkirche, der Inselfriedhof, das Heimatmuseum und das Wahrzeichen Hiddensees, der 28 Meter hohe Leuchtturm Dornbusch. Der Blick von dort oben ist natürlich beeindruckend schön, aber auch ein Blick nach unten lohnt sich. In der näheren Umgebung des Leuchtturmes kann man unter der Grasnarbe noch eine Ascheschicht erkennen, die aus dem Jahr 1628 stammt, als Wallenstein angeordnet hatte, den Eichenmischwald niederzubrennen. Die Dänen sollten nicht auf die Idee kommen, die Insel für Naturholzgewinnung zu missbrauchen. Am Nordrand Klosters erhebt sich auf einer Anhöhe die Lietzenburg (*Lietze* heißt Ente), eine Villa, die der Berliner Maler Oskar Kruse (1847 – 1919) errichten ließ und die fortan als Treffpunkt für Maler und Dichter diente.

Das vierte, kleinste und älteste Dorf, Grieben, erstreckt sich über die Südostabhänge des Dornbuschhochlandes im Norden. Während Grieben für Touristen ländliche Idylle und slawische Felsmauern bedeutet, denn so steht es im Reiseführer, ist es für mich immer eine einzige Champignonwiese gewesen, auf der zwischen den ganzen Pilzen hier und da auch mal ein Haus stand. Sylt? Wer die eine Insel mag, muss die andere nicht mögen.

Zum Mitreden: Der Inselklatsch behauptet, dass Nina Hagen – *Hoch stand der Sanddorn am Strand von Hiddensee … Micha, mein Micha und alles tat so weh … Du hast den Farbfilm vergessen, mein Michael* – eine Affäre mit dem Inselarzt Michael gehabt haben soll.

Fischland-Darß-Zingst

Die Halbinsel Fischland-Darß-Zingst zwischen Rostock und Stralsund ist eine schmale lang gezogene Sandbank, die stetig von Meer und Wind weiter ausgefranst und verändert wird. Sie bietet neben ihrer natürlich schönen Kulisse aus Strand, Urwald, Moor und Boddenlandschaft etliche Statisten, die ihre Badegäste einzigartig in Szene setzen.

Zeesboote: Dickbäuchige Schiffe aus Eichenholz mit rotbraunen Segeln. Sie dienten seit dem ausgehenden 15. Jahrhundert der Fischerei in den flachen Boddengewässern. Ihre Segel wurden damals zur besseren Haltbarkeit mit einer Mischung aus Öl, Ochsenblut und Erde getränkt, um sie haltbarer zu machen. Ein an Bug und Heck befestigtes Schleppnetz (Zeese) wurde über den Grund gezogen, während das Boot quer vom Wind getrieben über das Wasser glitt. Da die Ausbeute dieser Art des Fischfangs oft nicht für den Lebensunterhalt ausreichte, bewirtschafteten viele Zeesboot-Fischer nebenbei Land, weshalb sie auch *Bauernfischer* genannt wurden. Anfang der Achtzigerjahre wurde die Zeesenfischerei eingestellt. Heute werden in einigen Häfen, zum Beispiel in Wustrow und in Born, Rundfahrten auf einem Zeesboot angeboten.

Delfine: Delfine in Deutschland? Selbstverständlich! In Mecklenburg-Vorpommern. Zwischen dem Darß und Hiddensee brachten sie die Forscher zuletzt 2007 zum Staunen.

Die Teeschale: Tee gehört zu Norddeutschland wie After Eight zu England. Und besonders schön ist das Teetrinken in der Prerower *Teeschale*, einem denkmalgeschützten Fischerhaus, das zu DDR-Zeiten als Milchbar fungierte, aber seit dem Verkauf, der Restaurierung und Neueröffnung 1999 mit über hundertdreißig Sorten

Tee aufwartet. Die *Teeschale* ist einer der wenigen Orte, an dem mich selbst getöpferte Keramik wirklich rührt. Zwischen alten Dielen und Lehmwänden werden darin Tee und darauf selbst gebackener Kuchen und kleine Gerichte aus biologischem Anbau serviert.

Schiffswracks: Wie auf einem Parkplatz sollen sie vor der Darßer Küste nebeneinander auf dem Meeresgrund im Schlick liegen, dicht an dicht. Koggen, Kutter, Kanonenboote, von Algen überwuchert, von Muscheln verziert, von Fischen und Krebsen bewohnt. Insgesamt sind mehr als siebenhundert Fundstellen mit Schiffswracks in den Küstengewässern von Mecklenburg-Vorpommern bekannt; das macht siebenhundert versunkene Geschichten. Sie beherbergen nicht nur wie im Fall der *Darßer Kogge* aus dem 13. Jahrhundert Fracht, die aus Dachziegeln, norwegischen Wetzsteinen, Stockfischen und Rentiergeweihstücken besteht, sondern auch den Schiffswurm *Teredo navalis*, der die Wracks leider schrittweise zerstört.

Windflüchter: Bäume mit windschiefen Kronen. Diese Sturmfrisuren werden derzeit von der Jugend mit Gel zu imitieren versucht. Überhaupt ist Mecklenburg-Vorpommern ein Trendsetter im Frisurenbereich. Die Trends sind von der Natur nur schon – typisch Mecklenburg-Vorpommern – viele Hundert Jahre zuvor gemacht worden. Nun erst setzen sich die meck-pommerschen Frisuren langsam aber sicher durch. So ließ sich unter anderem der Tokio-Hotel-Sänger Bill Kaulitz vom meck-pommerschen Dünengras für seinen Look inspirieren.

Türen: Die Türen der alten Kapitäns- und Fischerhäuser sind geschnitzt und in winterlicher Ruhe von den Fischern bunt bemalt worden. Jede Tür zeigt florale Muster und eine Sonne, das Symbol für die glückliche Heimkehr der Fischer. Zu diesen bunten Türen führt oft ein schöner Garten mit alten Bauernblumen. Sollte man unbedingt einen Blick hineinwerfen!

Seemannskirche: Selbstverständlich bin ich dem ganzen Drum und Dran der Seefahrerromantik gnadenlos verfallen. Allein das Wort Seemannskirche beflügelt meine Phantasie. In Prerow ist eine zu finden, mitten im bewaldeten Land, erbaut 1728. Ein Backsteinbau mit Holzturm. Darin eine maritime Sammlung von Schiffsmodellen und -bildern. Der venezianische Kronleuchter wurde von einer Mannschaft zum Dank für den glücklichen Ausgang einer Strandung gespendet. Der Innenraum ist in den Meeresfarben Grau, Grün und Blau gehalten. In Küstenkirchen wurde oft gebetet: O Herr, segne unseren Strand. Und tatsächlich werden immer wieder Waren angespült. So kamen die Meck-Pommer zu DDR-Zeiten manchmal in den Besitz unerlaubter Produkte. Angespültes Strandgut muss übrigens unverzüglich gemeldet werden, sonst macht sich der Finder strafbar.

Strandmuscheln: Eine Pest, diese kleinen Iglus, wenn auch – zugegeben – ganz praktisch. Strandmuschel an Strandmuschel, rot, gelb, blau. Nur die Coolen sitzen im Strandkorb oder liegen plain auf einem Handtuch. Alle anderen hocken in ihren Strandmuscheln.

Vögel: Man muss nicht in Städte wie Mailand oder Krakau fahren, um viele, viele Vögel zu sehen. So wie die Marktplätze europäischer Großstädte von Tauben bevölkert und zugekackt werden, können Sie in den flachen Boddengewässern der Fischland-Darß-Zingst-Halbinsel etwa siebzig verschiedene Vogelarten beobachten, die auf den Salzwiesen und -weiden ihr Paradies gefunden haben. Das Geklapper der Störche und ein knapp verfehlter Möwenschiss gehören in Mecklenburg-Vorpommern immer dazu.

Künstler: Strohhüte mit blauem Band, darunter silbernes Haar und open minded. So stolziert der ein oder andere Künstler über die Halbinsel und macht einen für einen Augenblick vergessen, dass es Blackberrys und iPods gibt.

Usedom

Was auf Rügen sächselt, berlinert auf Usedom. Seit rund hundert Jahren gilt die Insel als *Badewanne Berlins. Vorne Ku'damm, hinten Ostsee*, lästerte Tucholsky.

Ick setz mir in die Bahn rinn und bin ruckizucki da. Das dachte schon Marlene, und das sagte auch Frau Olfe, mit der ich einmal das Zugabteil teilen durfte. Frau Olfe fährt im Sommer jedes zweite Wochenende nach Ahlbeck, *mal ohne ihren Herrn uff de faule Haut lejen, wa?*! Am Wochenende dazwischen ist *sie mit ihrem Herrn im Schreberjarten und ackert*.

Und der Herr will nie mit?, fragte ich.

Der kennt die Seebrücke nur aus Pappa ante portas. *Dit kann von mir aus och so bleiben, dafür bring ick ihm ne Stange Kippen mit, wenn ick mit meine Freundin mit dem Auto hochfahr.* Ich denke, dass Frau Olfe die Kippen in Polen kauft. Usedoms Autokennzeichen verrät: Polen ist nah; OVP – Ort vor Polen. Und jeder, der in Ahlbeck auf der ältesten Seebrücke übers Wasser geht wie Moses, der fährt auch manchmal für ein oder zwei Stangen Kippen rüber nach Świnoujście (deutsch: Swinemünde). Ich kann mich an den Stau an der Grenze hinter Ahlbeck erinnern, denn auch ich stand Anfang der Neunziger dort, um eine raubkopierte Queen-Kassette und eine anderthalb Meter lange Lakritzstange zu erstehen. Jedoch verlor man in meiner größtenteils Nichtraucher-familie schnell das Interesse am *Polenmarkt*, und mein rauchender Bruder bekam von den Billigzigaretten Gott sei Dank Kopfschmerzen. Erschreckend, wie bald für die Meck-Pommer Polen zu POLEN wurde, zum rück-ständigen sozialistischen POLEN. Die westliche Erha-benheit griff schnellstens um sich. Beleidigt schaut der Meck-Pommer, wenn man sagt, ihr seid doch da schon Polen. Nein, wir sind Westen – die sind Polen. Wir sind Westen. Auch wir sind Deutschland. Zwar leben wir zusammen auf einer Insel, aber die gleichen Zigaretten rauchen wir nicht, nicht immer.

Auch wenn der polnische Anteil nur 72 von 445 Qua-dratkilometern beträgt, begann doch alles auf polnischer Seite, in Swinemünde. Anfang des 20. Jahrhunderts mauserte es sich zum größten deutschen Ostseebad und zum Verwaltungszentrum Usedoms. Dreiundvierzig-tausend Badegäste zählte Swinemünde 1928.

Frau Olfe nutzt nun auf deutscher Seite die Corporate Identity der Usedomer Seebäder, die meck-pommerschen *High Qualitys* – Entspannung, Ruhe und Natur. Ich wollte ihr Tipps geben, wo die Insel weniger überlaufen, aber nicht weniger schön sei, noch mehr High Qualitys sozusagen, aber sie winkte ab. Sie wollte es haben *wie eine Ölsardine.* Sie hatte es gerne voll und fuhr extra am Wochenende und extra in eines der drei Kaiserbäder. In den drei Kaiserbädern Ahlbeck, Bansin und Heringsdorf flanierten, so wie sie, einst auch die Zarenfamilie und andere Berühmtheiten, die in der würzigen Seeluft zu genesen hofften. Maxim Gorki ließ sich in der *Villa Irmgard* nieder, blieb über ein Jahr auf Usedom und bekam Besuch von treuen Freunden, gerne von Tolstoi. Da Tolstoi dem Adelsgeschlecht entstammt, ist davon auszugehen, dass er, würde er seinen Freund Gorki heute noch auf Usedom besuchen, nicht auf einem der größten Campingplätze Europas (in Ückeritz) nächtigen, sondern zum Beispiel im *Upstalsboom Hotel Ostseestrand.* Gorki und Tolstoi würden auf der Flucht vor Paparazzi über das Stettiner Haff rudern und in einer der unbekanntesten Regionen Deutschlands, der Ueckermünde Heide, spazieren. Eine Wald- und Heidelandschaft, von der sich die Lüneburger Heide noch eine Scheibe abschneiden könnte.

Klar klingt dit schön, wenn Frau Olfe ihre Freundin oder dem Herrn sagen kann: *Ick komm gerad ausm Kaiserbad,* aber ich wünsche mir, dass die Olfe-Frauen aus Berlin und woher auch immer sie kommen mögen, auch mal das Achterland (*achtern* – hinten) der Insel kennenlernten, die Haffküste Usedoms mit Trockenwiesen und Feuchtbiotopen. Oder den Lieper Winkel, die kleine Halbinsel zwischen Peenestrom und Achterwasser – eine Weltabgeschiedenheit mit in sich gekehrten Dörfern, wo die Menschen noch in den breiten Schilfgürtel steigen, um Rohr für die Dächer zu schneiden, wo die Orte sagenhafte Namen tragen wie Rankwitz oder Quilitz.

Oder Frau Olfe sollte mal die kleineren beschaulicheren Seebäder im Nordteil Usedoms besuchen. Da böte sich zum Beispiel Kölpinsee an, wo man noch mit dem Fischer klönen kann. Kölpinsee hat zwar nicht das mondäne Flair der Kaiserbäder, besaß aber einst durchaus Glamour, als in den Dreißigern die UFA-Stars hier ihre Ferien verbrachten, bis die Nazis das dunkelste Kapitel in Usedoms Geschichte aufschlugen und in Peenemünde eine Heeresversuchsanstalt bauten. Dort entstanden Hitlers Raketen. Wissenschaftler entwickelten in Peenemünde das erste Flugobjekt, das die Grenze zum Weltall durchstieß. Eine Sternstunde der Raumfahrt, aber auch der Beginn des Einsatzes von Raketen als Massenvernichtungswaffen.

Wissen Se denn, warum Usedom Usedom heißt?, fragte meine Zugbekanntschaft.

Nee!

Als ein paar Leute gemeinsam nach einem Namen für dit Land suchten, fiel niemandem etwas ein, bis einer die Contenance verlor und rief: O so dumm. Osodum, wiederholte sie mit einer anderen Betonung, damit ich den Zusammenhang begriff.

Ah ja, sagte ich. *Osodum – Usedom, verstehe.*

Frau Olfe klatschte in die Hände.

Usedomer Salzhütten:

Zur Förderung der Strandfischerei wurden entlang der Usedomer Küste Anfang des 19. Jahrhunderts fensterlose und reetgedeckte Salzhütten errichtet. Sie dienten der Lagerung von subventioniertem Salz, mit dem die Fischer dort zur Heringsfangzeit, ihren Fisch konservieren konnten. Dies sicherte der armen Inselbevölkerung ein Einkommen. Im frühen 20. Jahrhundert, als das Konservierungsverfahren in Dosen Einzug hielt, ging die Heringsalzerei merklich zurück. Die Salzhütten verfielen oder wurden von den ansässigen Fischern als Lagerräume für ihre Netze benutzt. Heute sind die noch erhaltenen Salzhütten weitestgehend restauriert. Einige sind in Privatbesitz (zum Beispiel in Zempin), andere werden touristisch genutzt. Bei den Koserower Salzhütten handelt es sich um einen Komplex aus fünfzehn Hütten, darunter Museum, Souvenirgeschäft, Räucherfischbude und Restaurant. Apropos Restaurant. Beim Blick auf die Internetseite der Koserower Salzhütte (*www.koserower-salzhuette.de*) fiel mir auf, dass es unter meck-pommerschen Lokalitäten offenbar zum guten Ton der Werbung gehört, einen eigenen Song zu haben. Auf der Seite der Stralsunder Fähre (*www.zurfaehre-kneipe.de*) blinkte mich eines Tages blau an: *Jetzt den Fähresong runterladen.* So hat auch die Koserower Salzhütte einen vom Schifferklavier begleiteten Salzhüttensong parat — was gar nicht verwundert, wenn man sich auch mit dem Rest der marketingperfekten Online-Preisung des Restaurants beschäftigt. Die geht so:

In der Luft liegt das Aroma von Meer und Sand (eine besondere Gabe der Meck-Pommer: Sie können Sand riechen), *der Gedanke von Kiefernadeln und Salz* (sehr verbreitet in Mecklenburg-Vorpommern: der Kiefernadelgedanke), der Duft von Holz und Feuer (beliebt bei den Meck-Pommern: Feuerduft).… *Über dem bemoosten Reetdach der Hütte schwebt der Gedanke an vergangene Zeiten, Fischer und frischen Räucherfisch* (ebenfalls schwebt über dem bemoosten Reetdach die Verwunderung) … *Wer weniger Zeit hat und den Genuss nicht missen möchte, kann sich in der hauseigenen Räucherei mit frischem Räucherfisch und Fischbrötchen eindecken* (Wer sich mit Fischbrötchen eingedeckt hat, sollte zu seinen Mitmenschen einen kleinen Mindestabstand wahren). *In der Bar kann der Besucher dann den Tag bei geistigen oder nicht alkoholischen Getränken ausklingen lassen.*

Ein geistiges Prosit auf diese Marketing-Meisterleistung! Da lob ick mir dit alte Berliner Werbeplakat, das für Usedom mit: *Uff'm Wasser loofen* geworben hatte. Dit war mal dschenial!

Vilm

Film ist ein faszinierendes Medium. Weil er den Zuschauer in eine andere Wirklichkeit entführt, in die er nicht eingreifen kann. Der meck-pommersche Vilm bietet seinem Publikum genau das. Eine Mischung aus dem Film *Into the wild* und der Serie *Lost*.

Pro Tag kann sich eine begrenzte Anzahl angemeldeter Touristen (etwa dreißig) von Lauterbach auf Rügen mit *MS Julchen* übersetzen lassen (Reservierung unter 0 38 30/16 18 96), um für 15 Euro Wildnis auf einer einsamen Insel zu besichtigen. Lost-Feeling für etwas mehr als neunzig Minuten, die die geführte Wanderung über das 94 Hektar große, seit 1936 unter strengem Naturschutz stehende Eiland dauert. Zwischen 1960 und 1990 fuhren schwarze Limousinen im Hafen von Lauterbach vor und ließen ein paar *Hohe Tiere* heraus, die sich unter Ausschluss der Öffentlichkeit auf der verbotenen Insel tummelten. Für die Normalsterblichen war Vilm während dieser Jahre gänzlich gesperrt. Elf reetgedeckte Häuser in Weiß-Braun entstanden zur Erholung von DDR-Funktionären. Heute sind die Häuser in einem freundlichen Gelb-Blau gehalten und werden von Forschern und Wissenschaftlern genutzt. Im ehemaligen SED-Gästehaus hat sich die Internationale Naturschutzakademie niedergelassen. Lost-Kenner dürften sich an die Dharma-Initiative erinnert fühlen.

Zu anderen Zeiten diente Vilm als Witwensitz der glorreichen Gräfin Sophie Wilhelmine zu Putbus, die hier das Frühjahr und den Sommer mit ihren Söhnen und Kühen, Schweinen und Pferden verbrachte.

Mitte des 19. Jahrhunderts dann wirkte die Insel auf viele Maler anziehend. Über dreihundert von ihnen bauten hier ihre Staffelei auf und wurden von Förster Witte mit Hasenbraten verköstigt. Dieser Jahre wird vom Spitzenkoch Knobloch Ostseeschnäpel und Boddenbarsch serviert, allerdings nur ausnahmsweise und auch nur für Prinz Charles, als der einmal auf der Insel nächtigte.

Privatmenschen ist das Privatbetreten der Insel untersagt, nur als geführter Tourist darf man auf einem festen Weg durch Goldrute, fette Henne, duftende Schlehen,

mannshohen Adlerfarn wandeln, zwischen Wildobst-
bäumen, Wildrosen, Weißdornsträuchern. Die Natur
wird sich selbst überlassen, etwa wie in einem Improvi-
sationsfilm à la *Blair Witch Project*. Der Mensch spielt
keine Rolle. Er darf nur zuschauen. Auf Schritt und Tritt
muss er dem Werden und dem Sterben ins Auge schauen
und darf nicht eingreifen, nichts in Ordnung bringen,
kein Happy End konstruieren. Im Urwald auf Vilm
gibt es siebzigmal mehr Totholz als im *normalen* Wald.
Auch Bäume haben ein Schicksal, stürzen vom Steilufer
kopfüber in den Tod oder verbleiben irgendwo wie ein
Cliffhanger. Sie knicken ein, sie entwurzeln, sie wachsen
und erblühen. Vilmbäume sind Stars zum Anfassen.

Die Tage, die Erich Honecker auf dem *Honecker-
Island* verbrachte, kann man im Übrigen an einer Hand
abzählen.

Places to see before you die

Darßer Weststrand

Auch wenn ich aus dem *Entdeckerland Mecklenburg-Vorpommern* stamme, so entdeckte ich dort den schönsten aller Strände doch erst mit neunzehn Jahren, als ich endlich bereit war, einen etwa sechs Kilometer langen Fußmarsch durch den Darßwald in Kauf zu nehmen, um an einen Strand zu gelangen, dem ich nicht zutraute, mehr herzumachen, als all die anderen Strände links und rechts neben ihm. Der Darßer Weststrand ist ausschließlich zu Fuß, zu Pferd oder per Rad zu erreichen. Ich schwöre: Jeder, der sich nicht davon abschrecken lässt, wird belohnt. Ein unwirklicher, urwüchsiger, auch gespenstischer Wald ist der Darßwald, moosig, moorig, aus knorrigen Buchen und bizarr geformten Kiefern, zu den

Seiten Blaubeerbüsche, Wacholdersträucher und riesengroße Ameisenhaufen, die wie dicke fette Gnome am Wegesrand hocken. Es riecht nach Totholz, es knarzt und knackt und vor allem summt es (Mücken!!). Angeblich ist dieser Wald voller Schätze, die ein angespülter skandinavischer Troll hier versteckt haben soll. Er soll in Robin Hood'scher Mission unterwegs gewesen sein und betuchte Leute bestohlen haben. Den Weg zu den Schätzen verraten nachts die Glühwürmchen. Ich konnte diese Angabe nicht überprüfen, weil ich mich nachts nicht in den Darßwald traue.

Wie aus einer verwunschenen Höhle tritt man am Ende aus dem Wald ins Licht an den vielleicht schönsten aller Strände in Vorpommern. Neben der Copacabana und dem Miami Beach wählte der französischdeutsche Fernsehsender ARTE den Darßer Weststrand unter die Top Twenty der markantesten Strände weltweit. Was dem Copacabana Beach die Hochhäuser im Rücken, sind dem Weststrand die windschiefen und sturmzerzausten Bäume, die Windflüchter. Einige von ihnen liegen entwurzelt quer über den Strand, blank geputzt von der salzigen karibisch-blauen See. Ungestüm peitscht sie an das Land, wie ich es von der Ostsee nicht gewohnt bin, poliert die schwarzen Steine, die im Sommer matt und heiß zwischen Muscheln, Treibholz und rosa Krebsen in dem weißen Pulversand liegen. Die Welt befindet sich im Rohzustand. Meer und Wind haben die uneingeschränkte Entscheidungsgewalt. Und sie haben sich gegen Strandkörbe, Porträtmaler, Pommesbuden, Eisverkäufer und Überbevölkerung entschieden. Ungestüm und ungestört verändert der Darßer Weststrand täglich sein Aussehen und seinen Charakter. Mal zeigt er sich wie ein aufmüpfiger Teenager in zerrissenen Hosen, mal ist er laut und stürmisch wie eine ausgewachsene Furie, anderntags ist er sanft, wie ein zufriedenes Kind. *Weststrand forever!*

Ivenacker Eichen

Beständigkeit, ein Wort, welches ich in Verbindung mit Mecklenburg-Vorpommern nun schon einige Male benutzt habe. Ich setzte darauf, dass sich jeder in dieser schnelllebigen, modernen Welt nach ihr sehnt und nach Mecklenburg-Vorpommern kommt, um sie zu finden. In Berlin ist man schon voller Euphorie, wenn die Cafébesitzerin von einst fünf Jahre später noch an gleicher Stelle den Espresso serviert. Was aber sind fünf Jahre? Lächerlich in Anbetracht der Mecklenburgerin, die bereits seit eintausenddreihundert Jahren lebt und sich immer noch an der gleichen Stelle befindet. Wenn man vor ihr steht, misst die Dicke in Brusthöhe dreieinhalb Meter. Man braucht zwölf erwachsene Menschen, um sie zu umarmen. Sie lässt sich nicht künstlich am Leben erhalten. Umringt von ihren Freunden, die zwar noch nicht ein so hohes Alter wie *sie* erreicht haben, aber dennoch sehr alt sind, bezaubert sie ihre Gäste. *Sie* ist die älteste Eiche Mitteleuropas, zu finden in Ivenack (Landkreis Demmin). Die *Süddeutsche* titelte vor einigen Jahren. *Die deutsche Eiche wankt* – nicht so in Mecklenburg-Vorpommern, da stehen ein paar betagte Exemplare, und sie gehören zu den wichtigsten Kulturdenkmälern des Landes. Sieben von den dicken Damen waren früher Nonnen. Es heißt, dass es ein paar unglückliche Nonnen hinter den Mauern des Ivenacker Zisterzienserinnenkloster gegeben habe, die einen Pakt mit dem Teufel eingingen. Der versprach, ihnen bei der Flucht zu helfen, stellte aber die Bedingung, dass sie sich bis nach Stavenhagen, und das wären etwa vier Kilometer gewesen, nicht umdrehen durften. Aber die meck-pommersche, ungemein ausgeprägte Neugierde siegte und auf der Stelle verwandelten sich die Nonnen in Eichen. Auf den Grundmauern ihres ehemaligen Klosters, direkt am Seeufer, ist ein barockes Schloss errichtet worden. Später wurde die Anlage mit Kirche, Orangerie, Teehaus und Damwildgehege komplettiert. Wanderwege führen zwischen den Eichen durch das alte Gutsdorf. Wege, die nicht in Santiago de Compostela enden, sondern in Klockow. Und trotzdem hat man eine Unmenge an Kraft getankt, hat sich Gedanken gemacht und ist von dem befriedigenden Gefühl erfüllt, dass es Dinge gibt, die noch da sind, wenn man wiederkommt.

Kraniche

Wenn Sie das Gefühl haben, vom Glück verlassen worden zu sein, fahren Sie im Herbst nach Groß-Mohrdorf, 14 Kilometer nordwestlich von Stralsund. Dort kann man Ihnen in einer ehemaligen Molkerei weiterhelfen. Sie erhalten Auskunft über Plätze, an denen Sie dem Glück begegnen können.

Zwischen September und November wird Mecklenburg-Vorpommern vom Glück heimgesucht. Bis zu fünfzigtausend Kraniche machen mehrere Wochen im Nationalpark *Vorpommersche Boddenlandschaft* Rast, um auf ihrem 6000 Kilometer langen Weg in die Winter-quartiere Energie und Kraft zu sammeln. Und jeden Abend fliegen sie, immer zur gleichen Zeit, über das Haus meiner Eltern hinweg. Dann kehren die Glücks-vögel von ihren Futterplätzen ins Nachtquartier zurück. Wenn ich zu Besuch bin, stehe ich vor der Tür, schaue in den Himmel und frage mich, wer zum Teufel denn nun heiraten muss!? Denn in Mecklenburg-Vorpom-mern heißt es: *Fliegt ein Kranich über das Haus, steht eine Hochzeit bevor.*

In vielen Kulturen wird der Kranich verehrt. Man glaubte, dass die Seelen Verstorbener auf ihrem Rücken in den Himmel getragen würden. In Irland erhoffte man sich von Kranichhaut eine gute Saat und die Seefahrer eine gute Reise, in China steht dieser Vogel für ein langes Leben, in Japan, wo er noch immer in gefalteter Papier-form zu Hochzeiten oder Geburten überreicht wird, gilt er als Friedensvogel und ist ein Symbol für Treue und Beständigkeit, beinahe so, wie man auch einen Meck-Pommer, wenn man ihn etwas faltet, als Symbol für Treue und Beständigkeit überreichen könnte. Viel-leicht haben Kraniche inzwischen deshalb diese Region zwischen dem Fischland-Darß-Zingst und Rügen zu den bedeutendsten Kranichrastplätzen Mitteleuropas gemacht. Es heißt, die Theater Mecklenburg-Vorpom-merns könnten im nationalen Vergleich nicht mithalten, aber wer einmal ein Naturschauspiel wie das der Kra-niche erlebt hat, wird verstummen und nie diese Vorstellung mit einer anderen zu vergleichen wagen. Wer einmal im Frühnebel von einem der vielen Beobachtungsplätze aus den Ruf Tausender Kraniche vernommen hat, ein gewaltig anschwellender Schrei, wer sie tanzen gesehen hat, wie sie in Schleifen um sich herumlaufen, sich voreinander verbeugen und in die Höhe springen und wer Hunderte Vögel geräuschvoll aufsteigen gesehen hat, wie sie sich Gruppe für Gruppe in die Höhe schwingen, der wird sich später sehr wohl an eine Aufführung in Mecklenburg-Vorpommern erinnern können, auch wenn er eine Woche später Tschechow an den Münchener Kammerspielen oder an der Berliner Volksbühne sieht.

Ich erinnere mich an einen frühen Abend, an dem ich zusammen mit vierzehn fremden Menschen in einem Zeesboot vor der Boddenküste ankerte. Wir alle hatten diese Tour zu den Kranichen gebucht, die an diesem Tag laut Tourguide *nichts für Frostköttel* war. Also rüsteten wir uns nicht nur mit Ferngläsern und Fotoapparaten (die, als es drauf ankam, jeder vergaß), sondern auch mit Thermoskannen und wattierten Jacken. Während wir in der Abenddämmerung auf den Einfall der Kraniche warteten, spielten wir: *Wer hatte den längsten Anreiseweg*. Ich schummelte. Obwohl ich gerade bei meinen Eltern zu Besuch war und keine 40 Kilometer zurückgelegt hatte, gab ich Leipzig, meine Studienstadt, als Anreiseort an. Ich schaffte es mit 450 Kilometern trotzdem nur bis ins gute Mittelfeld. Heiner aus Heilbronn gewann, auf den nächsten Plätzen folgten Darmstadt, Erfurt und Hameln. Der Kranich-Guide erzählte, dass zur Zwischenrast zuerst die Junggesellen ankommen, danach die Paare und zuletzt die Familien. Wir lachten darüber, weil wir das so *putzig* (Erfurt) und *typisch* (Darmstadt) fanden. Der Guide mahnte uns immer wieder zur Ruhe, weshalb wir flüsterten und kicherten wie in einem Jugendheim-Schlafsaal. Jemand reichte eine Tüte Chips herum, und gerade als wir alle reichlich davon im Mund hatten, blieben sie uns buchstäblich im Halse stecken. Zuerst zehn, fünfzig, später Hunderte, Tausende Kraniche schwangen direkt über uns die Flügel. Vor der roten Abendsonne verdunkelte sich der Himmel, riss auf, flatterte. *Wie Störche,* sagte Heilbronn-Heiner. *Des isch unbelievable,* fasste er unser aller Gefühl zusammen. *Unvergesslisch,* ergänzte Erfurt. Nur ich hatte ein mulmiges Gefühl und fragte mich, wo Hitchcock sich eigentlich zu seinem Meisterwerk hatte inspirieren lassen.

Tipp: Im Kranich Informationszentrum Groß-Mohrdorf kann man Ihnen sagen, wo Sie die Vögel bei ihrer Nahrungssuche oder ihrem abendlichen Einfall in ihren Schlafplätzen optimal beobachten können. Für gewöhnlich hat man tagsüber vom *Kranich Utkiek* (eine ehemalige Kartoffellagerhalle) in Hohendorf einen phantastischen Blick auf Nahrung suchende Kraniche. Gute Beobachtungsposten für den Abend befinden sich bei Bisdorf an der südlichen Boddenküste, in Tankow auf der Insel Ummanz und am Pramort (Ostzingst).

Was den Anhängern amerikanischer Reiseart entgegenkommen mag: Am besten beobachtet man Kraniche aus dem Auto. Menschen gegenüber sind sie sehr misstrauisch. Ihre Fluchtdistanz liegt in Schweden zwar nur bei etwa 50 Metern, in Mecklenburg-Vorpommern, wo

genervte Bauern schon mal einen Böller zünden, allerdings bei 300 Metern, und in Spanien, was auch immer
dort geschehen mag, flüchten die Vögel schon, wenn ein
Mensch sich auf nur einen Kilometer nähert. Ihre Vor-
sicht schützte die Glücksvögel bis heute vor dem Aus-
sterben. Schon vor fünfzig Millionen Jahren gab es Kraniche. Da waren die Pferde kaum größer als Füchse und
besaßen statt Hufen noch Pfoten.

Feldberger Seenlandschaft

Kleiner Mann, was nun, dachte sich Hans Fallada, als er
dank seines schriftstellerischen Erfolges etwas Geld übrig hatte. Er entschloss sich, in der Feldberger Seenlandschaft ein Haus zu kaufen. Elf Jahre lang lebte Fallada in
Carwitz, einem Dorf zwischen vier Seen.

*Von allen Fenstern aus sehen wir Wasser, lebendiges Was-
ser, das Schönste auf Erden. Es blitzt auf zwischen den Wip-
feln uralter Linden, es verliert sich in der Ferne, begleitet von
schmächtigen Ellern; dickköpfige Weiden suchen es zu ver-
stecken, hinter gelben und grünen Schilffeldern breitet es sich
weit.* (Hans Fallada in *Heute bei uns zu Haus*)

Glücklich und äußerst produktiv soll er dort gewesen
sein. So entstanden hier Bücher wie *Hoppelpoppel – wo
bist du?* Für eine kurze Zeit übte Fallada sogar das Amt
des Bürgermeisters von Feldberg aus. Feldberg gehört,
genau wie das nur fünf Kilometer entfernte Carwitz, zur
amtsfreien Gemeinde Feldberger Seenlandschaft. Sie
befindet sich an der Landesgrenze Mecklenburg-Vorpommerns und Brandenburgs und besteht, wie der

Name und Hans Fallada schon verraten, vornehmlich aus kristallklar glitzernden Seen. Zwischen den Seen finden sich weite Wiesen (*Wiesen wie zu Großvaters Zeiten* im Wiesenpark Feldberg), Buchenwälder, kleine Dörfer und laut Internetpräsenz des Jagdschlosses *Hotel Hullerbusch* auch ein mediterranes Flair. Dieses genießt man offenbar im kleinen Wald am Wacholderberg bei Cantnitz. Im 18. Jahrhundert wurden hier Schafe gezüchtet. Die Tiere fraßen die Bäume weg, verschmähten aber den Wacholder. So wandelt man bei Cantnitz heute durch Wacholderbüsche und -bäume und lässt sich von Mecklenburg-Vorpommerns mediterranem Flair umschmeicheln.

Auch auf die Gefahr hin, dass es allzu bedeutungsschwanger klingt: Es war an Falladas Grab auf dem Dorffriedhof, wo ich mit einem Einheimischen ins Gespräch kam, der mir eine der trefflichsten Beschreibungen des Meck-Pommers geben sollte.

Noch nie was von Fallada gelesen, gab er preis.

Muss man vielleicht auch nicht, wollte ich ihn beruhigen.

Aber er hatte genug Selbstbewusstsein und brauchte gar nicht beruhigt zu werden. *Ich wette, der hätte sich für meine Gedichte auch nicht interessiert.*

Sie schreiben Gedichte?

Nee, aber wenn ich welche geschrieben hätte.

Hier traten der typisch meck-pommersche Gerechtigkeitssinn und Gleichbehandlungsdrang zutage. Es zählt unbedingt das Credo: Kein Denkmal. Für niemanden. Als ich ihn später fragte, wie denn die Menschen hier so seien, gab er zur Antwort:

Wir sind wie dieser Bauer, der auf dem Dach etwas Buntes sieht und hochklettert. Und wenn dann der Papagei sagt: Hey, was wollen Sie denn von mir?, dann sagt der Bauer: Entschuldigung, ich dacht Sie wär'n 'n Vogel.

Ich lachte, aber gleich verstanden hatte ich das nicht. Man muss ein Weilchen darüber nachdenken. Und wenn es klick macht, dann hat man den Meck-Pommer in seinem ganzen Wesen erfasst.

Tipp: Wer nicht der schönen und obendrein empfehlenswerten Wanderroute um den Schmalen Luzin folgen möchte, kann sich mit der selbst gebauten handbetriebenen Seilfähre auch übersetzen lassen. Die Fähre fährt im Halbstundentakt. Wenn Sie nicht warten wollen, rufen Sie laut: *Fährmann hol över!* (Können Sie ja das Kind machen lassen, wenn Sie eins dabeihaben, wahlweise verpflichten Sie den Mann.)

Naturpark Mecklenburgische Schweiz

Wer sich ehrlich und wahrhaftig für Mecklenburg-Vorpommern interessiert, der sollte auch zu seiner Mitte vordringen, zum Nabel, zu Mecklenburg-Vorpommerns pilatischem Powerhouse. Der Naturpark Mecklenburgische Schweiz erstreckt sich nördlich der Seenplatte auf circa 670 Quadratkilometern zwischen den Städten Dargun, Malchin, Teterow, Demmin und Waren. Hier herrscht ein munteres Auf und Ab der Landschaft. Die touristische Internetseite *www.auf-nach-mv.de* meint gar: *Der Flecken gäbe eine vortreffliche Kulisse für*

Schneewittchen und die sieben Zwerge ab. Angesichts der zahlreichen Schlösser und Gutshäuser und deren besonderen Parkanlagen, vor allem aber angesichts intakter Natur, so weit das Auge reicht, hat die Region tatsächlich etwas Märchenhaftes. Zwischen den definitiv mehr als sieben Hügeln leben unter anderem Biber, Fischotter und Schreiadler. Der Kummerower und Malchiner See sind bedeutende Rastplätze für nordische Entenvögel. Zehntausende rasten hier jährlich. Die Mecklenburgische Schweiz ist wie die Mecklenburgische Seenplatte und die Vorpommersche Flusslandschaft inmitten des Bundeslandes für Fahrrad fahrende Geologen, wandernde Historiker oder paddelnde Biologen mit Sicherheit ein unfassbares Paradies. Für alle anderen immerhin a place to see. Man kann die vielfältige Natur Mecklenburg-Vorpommerns preisen, aber hinfahren müssen Sie selbst.

Vitt

Auch wenn ich persönlich immer nur bei Anlässen wie Neujahr, Weihnachten oder etwaigen Jahrestagen Vitt besucht habe, so bin ich sicher, dass das Dorf ohne die Aura eines besonderen Tages, einen Tag zu einem besonderen machen kann. Für mich ist das klitzekleine Fischerdorf das schönste Dorf auf Rügen.

Man findet es in der Nähe Kap Arkonas, am steinigen Ostseestrand. Zu sehen ist es aus der Ferne nicht, denn es duckt sich in einer kleinen Schlucht. Es besteht aus dreizehn Fischerkaten, die statt Hausnummern von runenartigen Symbolen gekennzeichnet sind, und dem historischen Dorfgasthof *Zum goldenen Anker.* Auf einem Hügel über dem Dorf leuchtet weiß eine achteckige Kapelle. Der Pastor Kosegarten hatte sie 1806 errichten lassen, als er es leid war, bei Wind und Wetter für Fischer und Reisende am Ufer zu predigen. Am Ufer des denkmalgeschützten Dorfes verkaufen noch heute die Fischer ihren Fang direkt vom Boot, frisch oder geräuchert. *Vitten* ist ein mittelalterliches Wort für Anlande- oder Handelsplätze. Im 10. Jahrhundert gehörte Vitts Hafen zur slawischen Jaromarsburg am Kap Arkona, von der immer wieder große Teile ins Meer stürzen.

Königsstuhl

Dies ist ein Ort, den Menschen in aller Welt zu kennen glauben, ein Ort, den es jedoch nicht gibt. Tag für Tag, Jahr für Jahr strömen Touristen aus aller Welt zur Stubbenkammer in die Umgebung der Kreidefelsen. Hier suchen sie nicht das Schloss Neuschwanstein, sondern die *Chalk Cliffs on Rugen,* die der Greifswalder Caspar David Friedrich seinerzeit so romantisch in Szene gesetzt hatte. Angekommen auf dem Bahnhof des staatlich anerkannten Erholungsortes Sassnitz, macht sich die Touristenmeute auf den Weg, um diesen einen berühmten Blick zu werfen. Am Nordende von Sassnitz steigen sie den Hochuferweg hinauf und wandern entlang der Kreidesteilküste. Sie wandern, und das Herz hüpft. Herrlich, diese Kreidefelsen, das Licht, die frische Luft, von der den Japanern ganz schwindelig wird, weil ihre Lungen in Tokio anderes gewöhnt sind. Nach etwa vierzig Minuten erreichen die Touristen die Wissower Klinken. Sie schießen Fotos in Unmengen. Schon viele von ihnen glaubten beim Anblick der Wissower Klinken den Ort entdeckt zu haben, an dem der vielleicht berühmteste Vertreter der Romantik saß, um sein vielleicht berühmtestes Bild zu malen. Allerdings waren die Wissower Klinken um 1800 noch nicht kreideweiß, sondern mit Gras bewachsen. Da der Touristikverband des Landes bisher nicht allzu viel tat, um diesen Irrtum aus der Welt zu schaffen, nahm die Natur 2005 die Sache selbst in die Hand. Im Februar stürzte ein riesengroßer Zacken des berühmten Kreidefelsvorsprungs an den Strand und ins Meer und mit ihm der Trugschluss, dies wäre das Motiv, jenes welches.

Eine viertel Stunde später erreichen die Touristen einen Aussichtspunkt, der einen kilometerlangen Blick auf die Kreideküste freigibt – *schön, schön*, denken sie, aber das ist nicht der Grund, weshalb wir hierhergekommen sind. Sie schleppen sich weiter und erreichen die Viktoriasicht – hier halten sie inne und schauen auf die weißen Felsnasen: *Könnte das vielleicht … ? Nein, nein, nein, da ist irgendwas anders, irgendwas stimmt nicht, hier ist es nicht. Es sieht ein bisschen so aus, aber nein.* Die Sicht auf das tiefblaue, mit grünen Flecken durchzogene Meer und den kreideweißen Königsstuhl ist atemberaubend, und die Amerikaner haben kaum noch Puste, aber diese Farben, das dämmert auch ihnen, sind göttlich. Man quält sich auf Holzstegen und Treppen durch den Kiefernwald bis hin zu den Granitstufen des Königsstuhls. Hier zahlen alle sechs Euro, erklimmen die Stufen und stehen schließlich auf einer 200 Quadratmeter großen Plattform, 118 Meter über dem Meer. Sie wenden den Kopf hin und her auf diesem Aussichtspunkt, so wie all die anderen Touristen auch. *Ohh, ahh, aber wo zum Teufel hat der Friedrich gesessen?* Erschöpft sinkt der ein oder andere vor das fest montierte Fernglas. *Putzdirmaldienase*, sagt ein Mann zu seiner Tochter, die durch dieses Fernglas schaut, aber die 50 Cent nicht bekommt, um auch etwas dadurch zu sehen. Eine alte kleine Japanerin nimmt sich fest vor, wenigstens ein deutsches Wort mit in ihre Heimat zu nehmen: Puzdimadinas, heiße es, was es wolle.

Die Amerikaner essen die norddeutsche Variante ihres heiß geliebten Hamburgers, ein Matjesbrötchen, und die Japaner, die ebenfalls Matjesbrötchen essen, glauben, das sei German Sushi.

Selbstverständlich nahmen alle an, das wäre eine regionale Spezialität, aber das ist der Tag der Täuschungen – Rollmops ist eine binnenländische Erfindung. Gestärkt, kommt nun den ersten Touristen das alles spanisch vor. Und tatsächlich werden sie nach der Heimkehr vor ihren Fotos sitzen, sie neben das Gemälde halten, hin und her drehen, stundenlang, tagelang und das Gefühl haben, ganz nah dran gewesen zu sein, aber mehr nicht. Mehr nicht und dafür der ganze Aufriss. Und die Moral von der Geschicht: Die *Chalk Cliffs on Rugen* gibt es nicht.

Wer die circa sieben Kilometer von Sassnitz über den Hochuferweg zum Königsstuhl nicht laufen möchte oder kann, obwohl diese Wanderung unbedingt empfehlenswert ist, sondern wer nur mal für sechs Euro einen Blick vom Königsstuhl werfen will, der fahre nach Hagen/Lohme, parke dort und schlendere die drei, für den öffentlichen Verkehr gesperrten, Kilometer durch die Buchenwälder der Stubbenkammer, passiere einen kleinen See und eine alte slawische Wallanlage. Wem auch das noch zu umständlich ist, der nehme bitte den Shuttlebus! Und wer auch diesen Aufwand scheut, googelt einfach *Chalk Cliffs on Rugen*. So ähnlich sieht das da bei der Stubbenkammer nämlich aus.

Prora

Das Schöne an Mecklenburg-Vorpommern ist, dass man all den Kitsch, den die Natur für einen bereithält, nicht ungebrochen hinnehmen muss. Wenn im knallblauen Sommerhimmel die weißen Möwen kreisen, sich am Horizont zwei Segelboote begegnen und schon zu erahnen ist, dass am Ende des Tages wieder eine blutrote Sonne hinter einer schwarzen Bootssilhouette ins Meer plumpsen wird, dann hält Mecklenburg-Vorpommern noch immer Möglichkeiten für Sie bereit, sich vor einer fiesen, durch derart kitschige Bilder ausgelösten Melancholie zu schützen. Und gemeint sind nicht nur die paar Wellen, die sich nicht an die Kitsch-Abmachung halten und Disharmonie stiften, indem sie über die Sandburg eines Kindes schwappen und dat lütte Ding so zum Weinen bringen. Da ist zum Beispiel der *Koloss von Prora*. Herr Klotz ließ selbigen auf einer Strecke von 4,5 Kilometern errichten. Das monströse Gebäude war der Nazis bitterer Ernst. Sie hatten es sich ganz hübsch vorgestellt: zehntausend Zimmer mit Meerblick für ihre

Kraft durch Freude Organisation (KdF). In Prora auf Rügen sollte das weltgrößte Seebad entstehen. *Die Idee des Seebades ist vom Führer selbst. Da der deutsche Arbeiter sich in den vorhandenen Bädern nicht vollständig wohlfühlt, soll hier ein neues Riesenbad mit 20 000 Betten errichtet werden. Diese Anlage müsse das Schönste werden, was man sich denken könne, und der schöpferischen Phantasie des Baukünstlers würden bei dieser Aufgabe keine Grenzen gesetzt.* Clemens Klotz legte sich ins Zeug und erhielt auf der Weltausstellung in Paris für den Entwurf seines *Koloss'* prompt einen Grand Prix. Fünf aneinandergebaute Blöcke, sechs Stockwerke hoch und jedes der rund zehntausend Zimmer mit 12,5 Quadratmetern. 1936 wurde mit dem Bau begonnen. Luftwaffenhelferinnen wurden hier unter anderem ausgebildet, ein Teil diente als Lazarett und auch mal als Unterkunft für ausgebombte Hamburger. Später wurde der Koloss von der Nationalen Volksarmee genutzt. Ihren Angehörigen stand der südlichste Teil der Anlage als Erholungsheim, Kinderferienlager und Ferienort zur Verfügung und erfreute sich großer Beliebtheit.

Nach der Wende übernahm die Bundeswehr, verließ Prora jedoch Anfang der Neunzigerjahre wieder. Seit 1993 ist das geschichtsträchtige Gebiet frei zugänglich. Immer wieder erschien ein Investor wie die heilige Madonna und verkündete den Traum eines Hotels oder einer Jugendherberge, plante Mietwohnungen oder eine Sportanlage. Derweil bröckelte das Baudenkmal munter vor sich hin, wurde grauer und gelbgrauer, die Fenster stumpf und stumpfer und gingen schließlich zu Bruch. In den umliegenden Ostseebädern störte man sich daran wenig, so blieben wenigstens die gefürchteten Dumping-Touristen den schnieken Binzer Cafés und Stränden fern. Block I und II sind 2006 an den Sohn Ernst Buschs und dessen Partner verkauft worden, die seither von Balkonen, Wellness und Eigentumswohnungen reden. Block III beherbergte noch vor wenigen Jahren eine *Museumsmeile* (ähnlich der Berliner *Museumsinsel* oder dem Wiener *Museumsquartier*, nur ganz anders), die unter anderem aus dem NVA- und dem KdF-Museum bestand. Derzeit wird dieser Block zur Freizeit- und Hotelanlage umgebaut. Block V wird zur Jugendherberge umfunktioniert, der sich daran anschließende Jugendcampingplatz existiert bereits. Und solange in Prora noch das Tauziehen um die tatsächliche Nutzung und Finanzierung andauert, hat man auf circa vier Hektar derweil einen Waldseilgarten gebaut: *Ein Klettererlebnis für die ganze Familie!* Für Familien, denen das bloße Herumliegen am nahen Strand, das Eisgekleckere, das Meeresrauschen und das Beobachten der weißen Möwen am hellblauen Sommerhimmel und der weißen Segel am Horizont einfach zu kitschig ist.

Putbus

Dieses Städtchen auf Rügen ist wahrlich absonderlich. Vor weißen Häusern wachsen apart zurechtgemachte Rosenstöcke. Den Mittelpunkt dieser Stadt Putbus (*epod boz* – hinter dem Holunderstrauch) bildet der Circus, ein Platz, der von sechzehn klassizistischen Häusern umstanden ist. Wie eine Torte, eine Spieluhr oder ein umgekipptes Riesenrad sieht der Circus von oben aus. (Geschäftsidee: eine Drehleiter kaufen und Touristen für fünf Euro mitten auf dem Platz nach oben fahren lassen.) Der Tourist schlurft von Haus zu Haus und stellt fest: Hübsch restauriert, aber irgendwas stimmt hier nicht. Putbus ist für mich eine Hüllenstadt. Die Hülle ist bezaubernd, das Innere leer. Man möchte diesem kleinen, aus der Zeit gefallenen Ort, der putzig und nicht zu knapp exzentrisch ist, durch manche Fensterritzen etwas mehr Leben einhauchen. Wenn ich hauchen dürfte, dann zuerst dem wunderbar absurden und leer stehenden *Hotel du Nord*.

Fürst Wilhelm Malte I. erfüllte sich vor etwa zweihundert Jahren seinen Traum. Von seinen Reisen nach England und Italien inspiriert, machte er aus seinem Provinznest ein klassizistisches Seebad, nur ohne See, denn das Meer befindet sich einige Kilometer entfernt. Die sogenannte, womöglich selbsternannte heimliche Hauptstadt Rügens (man darf auch *Weiße Stadt* oder *Rosenstadt* sagen) ist die jüngste Residenzstadt Deutschlands; rasant gewachsen wie Las Vegas, nur einen Tick reduzierter.

Innerhalb von nur vier Jahrzehnten entstanden in Putbus Gast- und Logierhäuser, ein Theater, Bäckereien, Schulen, Hotels, Straßen, Handwerker- und Beamtenwohnungen, Badehäuser, ein Musikpavillon. Von weniger als hundert schnellte die Zahl der Einwohner zwischen 1817 und 1850 auf eintausendvierhundert. Wenn man also sagt, Putbus sei eine junge Stadt, so meint man das sicher nicht in der Art, wie man sagt, Tel Aviv oder Madrid seien junge Städte.

Die Putbuser Einwohner erkennt man daran, dass man ihnen nicht begegnet. So selten wie Sternschnuppen tauchen sie irgendwo kurz auf, um schnell wieder von der Bildfläche zu verschwinden. Putbus ist vielleicht die einzige Stadt, in der mehr weiße Hirsche zu sehen sind als Einwohner.

Nachdem die Touristen im Circus herumgelaufen oder -gefahren sind wie Rummelpferdchen, fangen nicht wenige von ihnen an, das Schloss zu suchen. Sie schleichen im Park herum, erst noch auf die entspannte Spaziergängertour, später forschen Schrittes und dann in großer Hektik. Sie suchen und wundern sich und finden es nicht, das Putbuser Schloss. Jedenfalls geht es denjenigen so, die ihren Reiseführer im Antiquariat gekauft haben. Für alle Sparfüchse: Das Putbuser Schloss wurde 1962 gesprengt. Ich will nicht wissen, wie oft Bratwurst-Ursel im Rondell darüber Auskunft geben musste. Erschöpft stehen die Touristen dann vor dem Wildgehege und füttern die weißen Hirsche. Und die Hirsche wundern sich, warum die Touristen einen so desolaten Eindruck machen, schließlich haben die soeben einen der schönsten Parks Norddeutschlands durchschritten. 1725 als barocker Lustgarten angelegt, gestaltete Fürst Malte den Park im Stil eines englischen Landschaftsparks um. Der Park ist größer als hundert Fußballfelder, auf denen man zwar das berühmte Schloss nicht mehr findet, dafür eine Orangerie (mit dabei: vier Grabsteine von einem Hundefriedhof aus dem 19. Jahrhundert), den Marstall, ein Affenhaus, ein Wildgehege und ein Mausoleum, libanesische Zedern, kalifornische Mammutbäume, asiatische Ginkos und weitere seltene und seltsame Arten.

Apropos seltsame Arten: Schauspieler und Theaterpublikum. Was mir persönlich in Putbus am besten gefällt, ist sein Theater. Ich verdanke ihm meine ersten Kabaretterfahrungen, und ganz abgesehen davon, ist der klassizistische Bau für mich mit Abstand das schönste Theater Mecklenburg-Vorpommerns. Es gibt nur Gastspiele und kein festes Ensemble und also auch nicht das Klischee vom trostlosen Kleinstadttheater mit seinen desillusionierten Schauspielerinnen und Schauspielern. Das sicherlich interessanteste Theater dagegen ist das Mecklenburgische Staatstheater in Schwerin. Ansonsten habe ich eher die Erfahrung gemacht, dass Theater und Mecklenburg-Vorpommern nicht die beste Mischkultur ist. Möhren und Zwiebeln vertragen sich wohl besser. Dennoch: Der älteste gedruckte Theaterzettel Deutschlands stammt nachweislich aus Rostock (1520).

Zu schulischen Wanderzeitzeiten war das in Lauterbach befindliche Badehaus Goor (etwa zwei Kilometer von Putbus entfernt) noch ein ziemlich verfallener Haufen, das Gruselhaus mit den Marmorsäulen, so dick und groß wie die bösen Lehrerinnen. Heute verbirgt sich hinter den achtzehn weißen Marmorsäulen ein Viersternehotel, das zu seinem Wellnessangebot unter anderem ein Cesarbad und eine Cleopatrapackung zählt. Auch wenn man nicht vorhat, in diesem neuerlich aufgemotzten Ding zu nächtigen, so lohnt sich ein Spaziergang um es herum allemal. Hinter dem Badehaus befindet sich der Goor-Wald (*goor* ist das slawische Wort für Berg). Der *Pfad der Muße und Erkenntnis* führt durch diesen Küstenwald, der in naher Zukunft zum Urwald werden soll. Man lässt ihn gedeihen und vergehen, ganz so, wie es ihm gefällt, und wünscht, dass entwurzelte Städter dort Ruhe finden. Nur selten braust ein Motorboot auf dem nebenliegenden Greifswalder Bodden vorbei. Sonst ist die Natur ganz im Zeichen der Stille. Der Greifswalder Bodden *blubbert hier so schön und rauscht nicht so fies* (Feststellung meiner Mutter beim Spaziergang durch den Goor-Wald). Und wie kaum ein Waldstück auf Rügen, kommt auch der Goor-Wald nicht ohne etliche Hügelgräber aus. Die uralten Bestattungsplätze zeugen von einer ehemals ungewöhnlich hohen Besiedlung.

Tipp: Nach dem Waldspaziergang im Hafen Lauterbach auf dem Räucherschiff *Berta* sitzen, ein Fischbrötchen essen, dazu ein Schwarzbier trinken (dort keinen Kaffee!!). Für den größeren Hunger alternativ Neuenkamp in die Navigation tippen und stilecht im Restaurant *Nautilus* essen. Hier speisen Sie in Kapitän Nemos bis ins kleinste Detail nachempfundenem Unterseeboot aus dem Roman *20 000 Meilen unter dem Meer.*

Feuersteinfelder

Wenn ich zwei Dinge benennen müsste, die für Mecklenburg-Vorpommern charakteristisch sind, würde ich mich für Vögel und Steine entscheiden. Erstens kommen hier sowohl Vögel als auch Steine zahlreich und in vielen Variationen vor. Zweitens ist der Meck-Pommer selbst eine Mischung aus beidem: freiheitsliebend wie ein Vogel und hart wie ein Gesteinsbrocken. Und drittens werden Vögel und Steine unbedingt gebraucht, um ein im Meck-Pommer tief verwurzeltes Bedürfnis zu befriedigen: die Pflege seines Aberglaubens. Der Aberglaube ist in Mecklenburg-Vorpommern schon im Mittelalter so stark ausgeprägt gewesen, dass Mecklenburg als eine der Kernzonen der Hexenverfolgung gilt. Auf Rostocks Marktplatz kam es zu zahllosen Hexenverbrennungen.

Ich bin damit aufgewachsen, dass ich, sobald ein Hühnerauge auftauchte oder der Zahn schmerzte, vor eine alte Frau gesetzt wurde, die ein paar Mal flüsternd und nuschelnd um mich herumschlich. Am nächsten Morgen klatschte dann meine Familie in die Hände, weil Hühnerauge oder Zahnweh wie von Zauberhand verschwunden war. Das hatte nichts mit fehlenden Medikamenten in der DDR zu tun, sondern mit der, zumindest in Vorpommern verbreiteten Sitte, bei jeglichen Krankheiten eine Besprecherin oder einen Besprecher aufzusuchen. Das Vertrauen in die Heilkraft des Besprechens ist lange erhalten geblieben. Bis heute, zumal die genuschelten Formeln und Sprüche noch immer nicht mit ins Grab genommen werden dürfen, sondern von Generation zu Generation weitergegeben werden müssen. Leider liegt diese Gabe nicht in meiner Familie, aber ich hätte sie zeitweilig unglaublich gerne gehabt, und so versuchte ich die Sprüche wenigstens zu verstehen, was aber durch das schnelle nuschelnde Flüstern des Besprechers kaum möglich war. Mein Bruder behauptete damals, dass ein Familienmitglied sterben würde, sobald ich einen der Sprüche verstehen könne, dass es ein großes Unglück gäbe. Fortan gab ich mir die größte Mühe, nie genau hinzuhören, und prompt verstand ich vieles. Ein Spruch gegen Warzen zum Beispiel geht so: *De Wratt und de Wied, de leden to striet. De Wratten verschwunn, de Wied gewunn* (Die Warze und die Weide, die lagen im Streit. Die Warzen verschwanden, die Weide gewann).

Diese Heimlichtuerei, das beschützte Weitergeben von vertraulichen Informationen, ist in Mecklenburg-Vorpommern gang und gäbe. Nie hätte mein Großvater, solange er lebte, seine Fischrezepte verraten. Wo der goldene Sarg mit dem Leichnam Störtebekers vergraben ist, das weiß immer nur ein einziger Fischer. Es ist ihm verboten, mit anderen Menschen darüber zu sprechen. Erst kurz vor seinem Tod muss er sein Wissen weitergeben, sodass immer einer, aber nur einer, über den Ort des Grabes Bescheid weiß.

Versteinerte Seeigel werden in Bienenstöcke gelegt, auf Koteletts wird uriniert, um sie anschließend zu vergraben (soll gegen Asthma helfen), und wenn eine schwarze Katze von links nach rechts läuft, erstarren alle Meck-Pommer zur Salzsäule. Mein Schatz an Sprichwörtern und Aberglaube ist größer als mein Repertoire an Weihnachtsgedichten.

Der Kranich bringt Glück, der Kormoran Pech, der Storch die Kinder – es ist so schön einfach. Und an irgendwas muss man ja glauben, wenn man's hier schon nicht so mit dem lieben Herrn hat. Wer nicht im Himmel bei den Vögeln sein Glück sucht, sondern auf Erden, muss statt einen Kranich zu sehen, einen *Hühnergott* finden, den meck-pommerschen Glücksbringer schlechthin. Jeder Meck-Pommer hat einen auf dem Fensterbrett, vor der Eingangstür oder in seinem Regal liegen, einen schwarz-weißen Feuerstein mit einem Loch. Hühnergötter sind seit den Sechzigern in der ehemaligen DDR populär, im gesamtdeutschen Duden erschien das Wort jedoch erstmals im Jahr 2000.

Ganz viel von diesem Glück auf Erden findet sich zwischen Mukran und Prora, im Nordteil der Schmalen Heide auf Rügen. Ein beliebtes Ausflugsziel ist dort das etwa zwei Kilometer lange und 200 Meter breite Steinerne Meer. Eine große Ansammlung von Feuersteinen, die vor dreitausendfünfhundert bis viertausend Jahren aus den Kreidefelsen gespült worden sind. Im Herbst blüht zwischen den vielen Steinen violettes Heidekraut und links und rechts davon stehen die Wacholderbüsche tiefgrün. Da es sich um ein Naturschutzgebiet handelt, ist das Mitnehmen der Feuersteine, und also auch der Hühnergötter, untersagt. Man halte sich besser daran, um die Götter nicht zu entzürnen. Wer dennoch einen dieser Steine mitnimmt, wird sehen, was er davon hat: PECH!

Ebenfalls auf jeder Fensterbank eines Meck-Pommers: der Donnerkeil, auch Teufelsfinger genannt. Dabei handelt es sich um ein versteinertes Skelettteil von urweltlichen Kopffüßlern. Die alten Mönchguter von Rügen behaupteten, dass zur Zeit ihrer Großeltern nach großen Gewittern Tausende von diesen fingerartigen Gebilden auf den Äckern gelegen hätten. Das deckt sich mit dem einst verbreiteten Volksglauben, sie entstünden durch Blitzschlag. Den Teufelsfingern werden die wunderbarsten Heilkräfte zugeschrieben.

Die Wochentage im Aberglauben oder: Erklärungen und Ausreden für meck-pommersches Verhalten:
Montags sollte man weder ein Geschäft beginnen noch verreisen. Beides geht an diesem Tag schief. Und: Rauer Montag, glatte Woche.

Dienstags ändert sich das Wetter.

Mittwochs darf man an keinem Flachs arbeiten (ich sag's nur, falls Sie gern am Flachs arbeiten), ist aber wenigstens ein guter Pflanztag.

Wenn *donnerstags* das Korn blüht, sollte der Bauer nach Sonnenuntergang schweigend mit Handschuhen auf das Feld gehen und rückwärts gegen den Lauf der Sonne schreiten. An jeder Ecke sollte er dabei einen Halm pflücken, daraus ein Bündel binden und es unter dem Dach aufbewahren, damit weder Sonne noch Mond darauf scheinen kann – und dann fressen die Vögel nicht von den Ähren. Außerdem bitte nur donnerstags Erbsen essen. (Keine Ahnung warum. *Weil das eben so ist.*)

Fridag hett sin eegen lun (Freitag hat seine eigene Laune). Alle *freitags* um zwölf Uhr Geborenen können mehr sehen als andere. Und es ist natürlich der klassische Unglückstag. Supertipp: Wer jeden Freitag seine Nägel still (natürlich) beschneidet, bekommt keine Zahnschmerzen. Nicht verreisen am Freitag, keine Wäsche waschen, bringt alles nur Pech, dafür gelingt die Butter, wenn man sie freitags macht.

Spinnt einer am *Sonnabendabend*, steht der Teufel hinter ihm.

Sonntagskinder sind Glückskinder, die die Gabe besitzen, Geister zu sehen. Und wer in die Hölle will, der kämme sich beim sonntäglichen Gottesdienst die Haare.

Zaubertrank der Hexen laut alten Schriftstücken zur Zeit der Hexenverfolgung:
Zerstoßenen Schlangen, Asseln und Kröten werden Milch und Blut zugemischt. Später kommen Katzenhirn, Viehhaar, Spinnen, Hornissen Kaulquappen und Hundekot dazu.

Heiligendamm

A place to see, but für die, denen ein schnödes Hotelzimmer mit Meerblick reicht, nicht unbedingt *a place to stay*. Als Heiligendamm sein prachtvoll weißes Gesicht im Jahr 2007 in sämtliche Kameras der ganzen Welt hielt, staunte man über das Antlitz Mecklenburg-Western Pomeranias nicht schlecht. Pompös, mondän, schick und – weiß.

1793 geschah dort etwas, an das später die Mondlandung erinnerte. Ein kleiner Schritt für Herzog Friedrich Franz I., aber ein großer für die badenden Deutschen. Der Herzog hatte sich auf sein Ross geschwungen und ward auf der Suche nach einer geeigneten Badestelle zum Heiligen Damm bei Bad Doberan galoppiert. Dort tauchte er den großen Zeh ins Wasser und entschied: *Hier entstehe Deutschlands erstes Seebad.* Sein Leibarzt Samuel Gottlieb Vogel hatte ihm diesen Floh ins Ohr gesetzt, denn Baden in der See galt in manch fortschrittlicher Region Europas längst als heilsam und erquicklich. *Warum hat Deutschland noch kein öffentliches Seebad?*, fragte 1792 ein öffentlicher Aufsatz. Ein Jahr später hatte Deutschland dann dank Friedrich Franz I. endlich eines, und damit das auch so aussah wie woanders, ließ der Herzog nach den englischen Vorbildern in Brighton und Bath weiße Häuser in schlichter, zeitloser Eleganz entlang des *Heiligen Dammes* erbauen. Das klassizistische Gesamtkunstwerk aus Bade- und Logierhäusern lockte Herrschaften an, die in schwarzen, korrekt sitzenden Anzügen, Gehröcken, Schleppkleidern und Spazierstöcken Erholung suchten. Wer in den Gründerjahren zu Besitz gekommen war, versuchte, es der Aristokratie zu zeigen. Als es in den Städten zu dampfen begann, sehnte man sich nach sauberer Luft. Seebäder wurden zu angesagten Urlaubszielen, auch wenn sich der Anfang schwierig gestaltete. Es fehlte an Geld für Badeeinrichtungen, und die, die Geld hatten, glaubten auf die fremden Besucher verzichten zu können. Die Anfahrtswege der fremden Besucher waren noch weniger bequem und unkompliziert als die heutigen, zuweilen undurchdacht wirkenden Verbindungen der Deutschen Bahn. Man schaffte gerade mal 40 Kilometer am Tag, und Achsenbrüche dehnten das Ganze um etliche Stunden mehr. Während Heiligendamm anfangs eintausendfünfhundert Besucher zählte, kamen nach Boltenhagen nur fünfzig. 1870 wurden siebentausend Gäste entlang der gesamten Ostseeküste gezählt. Vor Ausbruch des Zweiten Weltkrieges waren es schließlich eine viertel Million. Sassnitz, Binz, Warnemünde und Ahlbeck waren die damaligen Spitzenreiter. Deutschlands erstes Seebad erlebte um den Jahrhundertwechsel eine Renaissance.

Aus den edlen Anzügen der Gäste sind inzwischen teure Fleecejacken, aus den Spazierstöcken Nordic-Walking-Accessoires geworden, aber die Einheimischen schauen die *reichen Fremden* noch genauso skeptisch an wie damals.

Hic te laetitia invitat post balnea sanum – Hier lädt dich, nach dem Bade geheilt, die Freude ein. So versprechen noch immer die goldenen Lettern auf dem Kurhaus Heiligendamms, die wieder schön gülden leuchten, seitdem die Kölner Investorengruppe FUNDUS 1996 die historischen Villen erwarb und ein Grand Hotel erschuf.

Das, was Heiligendamm und allen anderen Seebädern ihren Schick und ihre Mondänität verleiht, das Markenzeichen der Ostseebäder, ist die Bäderarchitektur. *Die neue Architektur des Strandhotels entspricht in ihrem billigen Pomp mit zahllosen Türmchen schlechter Zeichnungen, mit ihren ungefühlten Verhältnissen und grausam banalen Ornamenten dem Zustand unserer heutigen Kultur,* so empfand es 1905 der Direktor der Kunsthalle Hamburg. Die über sechshundert, oft zwei- bis dreigeschossigen Bädervillen gehören wissenschaftlich keiner spezifischen Stilrichtung oder Baugattung an. Es ist ein wirrer Mix, mit architektonischen Anleihen aus der Schweiz, Russland, China, dem Neobarock, der Neogotik, Neorenaissance, dem Klassizismus, Jugendstil, aus Erkern, Holzveranden, Simsen, Balustraden, Säulen …

Tipp: Wer sich einmal fühlen will wie ein illustrer Badegast aus dem letzten Jahrhundert, kann sich auf Mollis rote Samtpolster oder an Rolands Öfchen setzen. Die beiden uralten Schmalspurbahnen (Spurweite Roland:

750 und Molli: 900 Millimeter) schnaufen und bimmeln (Molli) oder pfeifen (Rasender Roland) sich mit viel Dampf durch die Landschaft. Molli von Bad Doberan (hier bitte zuvor das Doberaner Münster besichtigen) über Heiligendamm nach Kühlungsborn, entlang einer traumhaft schönen Lindenallee, vorbei an Europas ältester Galopprennbahn, und Roland auf Rügen von Putbus über Binz, Sellin, Baabe nach Göhren.

Vineta

Sonntagskinder, die ein Osterwochenende auf Usedom verbringen, sollten sich die größte, schönste und reichste Stadt Europas anschauen. Größer als Konstantinopel und schöner als Rom ist diese Stadt, bewohnt von allerlei Völkern, die gastfreundlicher und höflicher gegenüber Fremden kaum sein könnten. (Nur Christen sollten ihre Religion inmitten der vielen Heiden nicht zu öffentlich machen.) In den Geschäften der Einwohner dieser Stadt findet man die wertvollsten und seltensten und selbstverständlich kostbarsten Waren. Ständig legen Schiffe aus aller Welt an. Das Leben hier ist bunt und lustig. Die Bewohner sind so reich, dass ihre *Kinder mit Geld auf der Straße spielen* und ihnen *der Hintern mit Semmeln abgewischt wird.* Allerdings sollten Sie diese Stadt nicht in der Nacht oder bei stürmischem Wetter besuchen, denn dann werden Sie in den Ostseewellen rettungslos ertrinken.

An der nördlichen Küste der Insel Usedom befindet sich diese unglaubliche Stadt, ungefähr auf Höhe des

Dorfes Damerow, etwa sechs Kilometer von Zinnowitz entfernt. Dort hat an einem Ostermorgen ein Schäferjunge diese Stadt betreten. Plötzlich sah er sie aus dem Wasser emporsteigen, das goldbeschlagene Stadttor geradewegs vor ihm. Später wusste er zu berichten, *dass die Männer lange pelzbesetzte Mäntel und federgeschmückte Barette trugen. Die Frauen wären kostbar in Samt und Seide gekleidet gewesen. Aber alles geschah ohne den geringsten Laut. Stumm breiteten die Kaufleute ihre Waren aus. Einer winkte den Jungen heran. Er zeigte auf ein kleines Geldstück und wies auf den Tisch voll Ware.* Aber weil der Junge kein Geld bei sich hatte und ihn alle so traurig und enttäuscht ansahen, lief er schnell durch das Tor zurück an den Strand.

Außerhalb der Osterfeiertage haben Sie bei stiller See die Chance *Vineta*, so ihr Name, zu sehen, indem Sie mit dem Boot hinausfahren. Wenn Sie die richtige Stelle erwischen, können Sie bis 400 Meter tief ins Meer hinabschauen.

Dort werden Sie eine Vielzahl großer Steine sehen, marmorne Säulen und Fundamente – die Trümmer Vinetas. Noch immer herrscht dort ein wundersames Leben. In langen Kleidern wandeln Gestalten durch die Straßen oder sitzen in goldenen Wagen oder auf großen schwarzen Pferden.

Natürlich konnte ein solcher Reichtum, und erst recht nicht von Heiden, ewig fortbestehen. Die Einwohner Vinetas verfielen den Lastern der Wollust und Üppigkeit, und dafür traf sie die Strafe Gottes. Die Stadt wurde zwischen Karfreitag und Ostermontag von riesigen Wellen ins Meer gerissen. Angeblich kamen dann die Schweden und fischten all die Reichtümer der Stadt aus dem Wasser.

Warum nur konnten die Einwohner Vinetas nicht bescheiden und bodenständig wie alle Meck-Pommer sein? Was hätte aus Mecklenburg-Vorpommern mithilfe dieser Metropole werden können? Was hätten wir für marmorne Ozeaneums und goldene Rügenbrücken bauen können, hätten die Schweden nicht alles geklaut!? Jetzt müssen wir uns mit Vineta-Festspielen über Wasser halten, und die Bürger Mecklenburg-Vorpommerns beginnen sich gegenseitig auszuspielen. Unterstützt werden die einen dabei von der Zeitschrift *Geo*. 1998 behaupteten darin zwei Wissenschaftler, dass Vineta gar nicht vor der Küste Usedoms, sondern vor Barth (Stadt auf dem Darß) versunken sei. Seither liefern sich beide Regionen einen Machtkampf, der unter anderem dazu führte, dass *Vineta* mittlerweile ein geschütztes Markenzeichen ist.

Die silbernen Glocken der Stadt kann man noch jeden Abend, wenn kein Sturm auf der See ist, hören, wie sie tief unter den Wellen die Vesper läuten, erzählt die Sage.

Wer die Glocken läuten hört, wo auch immer, wird gebeten, sich bei der örtlichen Behörde zu melden, damit sich die Frage nach Vinetas tatsächlicher Lage ein für alle Mal klärt.

Griese Gegend

In Mecklenburg-Vorpommern dem *Florida des Nordens* (laut Harald Ringstorff) finden Sie nicht nur das *Nizza des Nordens* (Binz), die *Pommersche Riviera* (Usedom), die

Zitrone des Nordens (Sanddorn; siebenmal mehr Vita-min-C-Gehalt als eine Zitrone), *das Soja des Nordens* (Blaue Lupine), das *Interlaken des Nordens* (Waren) und den *Amazonas des Nordens* (die Peene), sondern auch – wie könnte es anders sein – das *Versailles des Nordens.* Das *Versailles des Nordens* steht in einer *Griesen Gegend*, in einer Stadt, die den anrüchigen Namen Ludwigslust (auch: Lulu) trägt.

Ihre Durchlaucht Herzog Christian Ludwig II. hatte Lust zu Jagen und ließ zu diesem Zweck zwischen dunkle Wälder und Torfmoore ein Jagdhaus setzen, das zwischen 1772 und 1776 durch ein prächtiges Residenz-schloss ergänzt wurde, wo fortan die Herzöge Meck-lenburg-Schwerins residierten. 1837 zogen sie zurück nach Schwerin, aber die barocke ludwigsluster Schloss-anlage mit dem größten Schlossgarten Deutschlands steht Ihnen für Ihr Touristenprogramm weiterhin gerne zur Verfügung. Beeindrucken Sie andere Touristen, in-dem Sie dort im Goldenen Saal folgende wagemutige Behauptung lauthals verkünden: *Ich denke, hier ist nicht alles Gold, was glänzt!* Und Sie haben recht! Unter vielen edlen Oberflächen aus Marmor, Porzellan oder Elfen-bein ist nichts weiter als Pappmaschee, ein getrockneter Papierbrei. Ornamente an Decken und Türen, Möbel, Reliefbilder, Säulen – vieles aus gewöhnlichem Papier. Da der Herzog aufs Geld achten musste, recycelte er alte Akten. Und dafür, mögen Sie denken, bin ich extra durch diese Griese Gegend gefahren, von der ich noch nicht einmal weiß, warum sie so heißt, wie sie heißt!? Ihren Namen verdankt sie vielleicht dem hiesigen grauen Sandboden (grau – *gries*) oder den *Griesen.* Bis

Mitte des 19. Jahrhunderts gab es kaum größere Höfe hier, deshalb zogen viele junge Männer in bessere Gegenden Mecklenburgs. Als Erntehelfer trugen sie eine einheitliche Kleidung in Grau, mit der sie sich von den anderen Bewohnern der Gegend unterschieden. Man nannte sie die Griesen (die Grauen).

Auch heute noch ist die Griese Gegend sehr dünn besiedelt, ein weißer Fleck auf der Wanderkarte. Und trotzdem könnte es sich lohnen. Geht wandern! Sammelt Pilze und Blaubeeren, von denen es hier tonnenweise gibt. Spaziert entlang des Flusses, die sandigen Wege hinunter, durch Nadelwälder, Dörfer, durch diese eintönige Landschaft aus Sand, Sumpf und Mücken. Durchstreift die leuchtenden Heidekrautflächen, die dunkelgrünen Wiesen, atmet die Luft der Griesen Gegend, die schon Thomas Manns Vorfahren geatmet haben. Seine Vorfahren stammen aus dem von Ludwigslust 30 Kilometer entfernten Grabow, da, wo auch die Küsschen herkommen, die ostdeutsche Variante der Super Dickmanns.

Sport und Freizeit

Angeln

Da, wo in den bayrischen und sächsischen Garagen, Dachböden oder Kellern Ski- oder Wanderstöcke lagern, hat der Meck-Pommer eine Angel stehen beziehungsweise mehrere. Als Kind saß er zusammen mit seinem Vater oder dem Großvater in einem Boot, stundenlang, und wartete auf den Biss, wartete auf einen Moment, der später eine rührende Erinnerung oder auch eine handfeste Story hergeben würde. Es ist nämlich gar nicht so, dass sich der Angler und also auch der Meck-Pommer nach Ruhe und Erholung sehnt. Im Grunde wartet er nur auf den Augenblick, in dem ein Biss die Stille zerreißt, er mit all seinen Aggressionen gegen diesen verdammten Hecht kämpfen kann, bis er dem Tier am

Ende mit einer Eisenzange auf den Kopf hauen und ihm das Messer ins Herz rammen darf. Zum Abendessen gibt es dann gebratenen Barsch oder den Hecht mit handfester Story. Vielleicht mal einen Zander und im Frühjahr Hornfisch, der die meck-pommerschen Kinder mit seinen grünen Gräten stets in Entzückung versetzt. Manch einen Morgen kommt der Vater vom Aalangeln zurück, weshalb vielen Meck-Pommern die *Blechtrommel*-Szene, in der die Aale durch den Pferdekopf flutschen, eindringlich im Gedächtnis geblieben ist. In der DDR galt der schlangenartige Fisch beinahe als Ersatzwährung. Mit Aal wurde getauscht und geschmiert.

Mit Einsetzen der Pubertät verweigert man sich dann dem Vater und dem Boot. Viele werden jetzt dem Angeln vorerst den Rücken kehren. Uncool der, der noch angelt, cool, der die Uncoolness darin entdeckt hat, das zu tun, was seine Eltern oder Großeltern auch tun. Dabei attestierten die *Tagesthemen* der Angelei Trendcharakter: *Inzwischen gibt es mehr Angel- als Golfzeitschriften. Vier Millionen Deutsche über vierzehn Jahren, vom Hartz-IV-Empfänger bis zum Topmanager angeln. Ein Viertel der Engländer wirft lieber die Rute aus, als Sex zu haben.*

Seit jeher dem Trendcharakter verfallen, vor allem aber auch der Notwendigkeit des Fischens, lebt Mecklenburg-Vorpommern von der Küsten-, Kutter- und Hochseefischerei. Prallvolle Netze sind jedoch selten geworden. Die Fischerei eine mühsame Arbeit, der weitaus weniger Menschen nachgehen als noch zu DDR-Zeiten. Der überfischte Fischbestand hat enorm an Wert verloren. Der Unglücksvogel Kormoran fischt ordentlich mit in Mecklenburg-Vorpommern.

Es gibt zwei TV-Ereignisse, die mir regelmäßig Tränen der Rührung in die Augen treiben. Erstens die
Maueröffnung, wie die da alle jubeln und klettern und
laufen. Zweitens Mecklenburg-Vorpommerns Fischer,
die immer mit leicht gekrümmten Schultern dastehen,
als würden sie von einem Steg in ein Boot schauen, und
immer müssen sie Dinge sagen wie: *Ich kenn so viele
Ecken auf der Welt, aber hier würd' ich nicht wegziehen wollen.* Oder: *Wenn ick dann een Tied ünnerwegens bün, ward
ock wedder Tied, dat ick aufs Land kümm.* Oder: *Eigentlich
ist es hier ja immer so, bis auf ein paar Tage, wo es nicht so ist.
Und das is schön so.*

*Fischerei und Fischwirtschaft sind Teil unserer Identität im
Norden*, ist auf dem Regierungsportal des Landes zu lesen. Während andere Menschen ihre Identität oder auch
den Einfluss ihrer Kindheit per Therapie unter Kontrolle zu bekommen versuchen, beförderte es mich mit
Mitte zwanzig in ein Angelseminar, wo ich lernte, dass
Angelschnüre ein Gewissen haben und wo beim Barsch der
After zu finden ist. Als ich danach das erste Mal wieder
eine Angel auswarf, fühlte ich das, was mal jemand in
einer Reportage über Reinkarnation zum Ausdruck
brachte: *Es ist wie nach Hause kommen.*

Fortan fuhr ich wieder angeln, stehe manchmal im
frühmorgendlichen Nebel in Barhöft und erfreue mich
an dem Anblick, wenn das erste Boot die spiegelglatte
See in Wallung bringt. Der aus dem Schilf aufsteigende
Nebel, Fischerboote am Strand, trocknende Netze an
schwarzen Holzschuppen, windzerfetzte kleine Flaggen
an den Markierungsbojen, die See, die Schwäne, kurz:
Der natürliche Rundumblick scheint mir beim Angeln

der größte Spaß zu sein. Eine zusätzliche Freude bereitete mir einmal ein Polizist. Während man in Berlin mit Polizisten über Parkverbote und Fahrradreflektoren diskutieren muss, kann man mit der meck-pommerschen Polizei viel gehaltvollere Unterhaltungen führen:

Ich (mit Angel und flüsternd zu meinem Angelnachbarn): *Mist, mein Angelschein liegt zu Hause.*

Polizist: *Tachchen!*

Ich: *Tach! Sie werden's nicht glauben, aber ich habe meinen …*

Polizist: *Und beißt er??*

Ich: *Ähm, nö, noch nicht so richtig.*

Polizist: *Zeigen Sie mal ihren Wurm.*

Ich hole die Angel ein.

Polizist: *Besorgen Sie sich mal ordentliche Würmer. Die müssen dick sein und sich noch bewegen. Wer soll denn so'n schlaffen Faden da schlucken wollen?*

Ich: *Okay, mach ich.*

Polizist hat seine Schuldigkeit getan und geht.

Wer seit *Brokeback Mountain* oder *Der alte Mann und das Meer* Lust hat zu angeln, wer einmal etwas in Deutschland tun möchte, ohne eine Prüfung abzulegen, darf das in Mecklenburg-Vorpommern tun. Man darf angeln ohne Fischereierlaubnisschein. Dafür benötigt man neben der Gewässererlaubnis nur den Touristenfischereischein, der von den örtlichen Behörden für 20 Euro ausgestellt wird und 28 Tage Gültigkeit besitzt. Viele Touristen machen besonders von März bis Mai von dieser Möglichkeit Gebrauch. Dicht an dicht stehen dann all diese Menschen, diese Fremden, diese Angler, auf dem Rügendamm und werfen die Angel mit fünf Ha ken aus. Sie werfen die Angel mitten in einen Millionenschwarm Heringe, der im Frühjahr zum Laichen zieht – das *Silber der Ostsee*. Und wahrscheinlich haben Angelschnüre tatsächlich ein Gewissen, denn es grenzt schon an ein Wunder, dass sich diese tausend Schnüre der mitunter weit angereisten Touristen nicht ständig miteinander verheddern oder beim Auswerfen auf den Windschutzscheiben der vorbeifahrenden Autos landen. Von März bis Mai hat der Meck-Pommer den Teller voller Heringe – ob er will oder nicht. Selbst wer nicht angelt, kommt um Heringe nicht herum. *Ebay?*, fragte mich jemand in Mecklenburg-Vorpommern. *Nee, hier wird geräuchert!* Geräucherte Heringe nennt man übrigens Bücklinge.

Tipp: Geführte Angeltouren. Da fängt man was, auch wenn man das Fischen bisher nur aus Filmen kannte. Wer sich nicht gern führen lässt, hat im Gebiet der Seeenplatte auch als Anfänger gute Chancen, denn hier befinden sich Europas fischreichste Gewässer.

Wer eine Geschichte vom Angeln – und auch von Mecklenburg-Vorpommern – lieber liest, dem sei empfohlen: Traumfang (Andreas Möller)

Fotografieren

Wer früher noch mit der Staffelei ins Kornfeld stieg, um das sagenhafte Licht einzufangen, drückt jetzt auf den Auslöser der Digicam. Mecklenburg-Vorpommern, das

Land der Horizonte, ist ein Land für Fotografen. Fotoapparate so weit das Auge reicht, und das reicht in Mecklenburg-Vorpommern schon sehr weit. Dabei sind es nicht nur die Touristen, die alles abschießen, was ihnen im Urlaub vor die Linse kommt, auch bei vielen Einheimischen und besonders den Zugezogenen geht wenig über ein gelungenes Abbild ihrer Heimat, das man gerahmt an die Wand hängen kann.

Als ich siebzehn Jahre alt war, gab es für mich zwei eindrückliche Veranstaltungen in Stralsund: ein Ulla-Meinecke-Konzert (... *und ich lehn an der Brüstung vom Balkon über'm Hafencafé, hör die ewige Brandung...*) und eine Fotoausstellung des seit über zwanzig Jahren in Stralsund lebenden Fotografen Volkmar Herre. Seine Bildbände tragen Titel wie *Alles ist Licht, Erinnerungen des Lichts, Licht im Dunkel, Magie des Lichts, Mit Licht gemalt, Bäume der Insel Vilm, Über Bäume und Steine, Die Kreidefelsen von Rügen* (*http://www.edition-herre.de*). Seine Camera-obscura-Bilder zeigten mir damals ein Mecklenburg-Vorpommern, das mich tief berührte. Mystisch erschien mir meine Heimat durch seine Lochkamera, einsam und naturgewaltig, Licht und Schatten und kein Mensch. Genauso brauchte ich es in der Zeit, in der ich gerne Barbaras *Aigle Noir* und Depeche Modes *Enjoy The Silence* hörte. Wer einen Blick in Herres Fotobände wirft, schaut der Natur Mecklenburg-Vorpommerns tief in die Augen.

Die Touristen hingegen fotografieren sehr gerne *Möwe über Boot, Himmel über Meer, Ich-selbst-im-Rapsfeld* und am allerliebsten Leuchttürme, an denen der Blick in der flachen Landschaft stets hängen bleibt. Kein Leuchtturm kommt ungeknipst davon. Die Funktion der meck-pommerschen Leuchttürme wurde von einem Fischer im nüchternen Tonfall wie folgt erklärt: *Die meisten sind für die kleineren Boote. Und eben fürs Herz.* Was macht die Faszination Leuchtturm aus? *Ach, die bieten schon so eine gewisse Sicherheit*, hörte ich eine Dame am Kap Arkona sagen. *Bei deinem Orientierungssinn*, konterte ihr Mann, *könnte der blinken, wie er wollte, und du würdest trotzdem in eine andere Richtung fahren.* Und dann fotografierte er seine Frau, wie sie breit grinsend vor Mecklenburg-Vorpommerns merkwürdigem Leuchtturmpaar steht, das neben dem Kreidefelsen zugleich DAS Topfotomotiv des Landes ist. Entgegen Tucholskys Behauptung: *Man möchte immer eine große Lange, und dann bekommt man eine kleine Dicke – C'est la vie,* bekam beim meck-pommerschen Topfotomotiv der dicke Kleine einen großen Langen. Ganz nah stehen zwei Leuchttürme am Kap Arkona, so nah, dass sie Händchen halten könnten, wenn sie welche hätten. Aber Leuchttürme haben keine Händchen, und doch können sie einen berühren.

Und des Leuchtturms Strahlen segnen eine freundliche Gesundheit … (Ringelnatz)

Golfen

Was nicht Meer, nicht Feld und nicht Hotelanlage ist, ist in Mecklenburg-Vorpommern neuerdings Golfplatz. Neben dem Angeln hält damit eine weitere Trendsportart Einzug in das Bundesland. Wir Meck-Pommer spielen gerne Minigolf, aber der echte Golfsport, der *Sport der Reichen*, was hat der bitte in Mecklenburg-Vorpommern verloren? Die Einwohner selbst beäugen die neuen Golfplätze, die Greens, mit Argwohn, so wie sie in den Anfängen der Seebäder fassungslos dem Treiben der Badegäste gegenüberstanden. *Pfff*, heißt es heute. *Zu modern, zu elitär, zu teuer, zu überflüssig, zu Kinkerlitzchen* ist ihnen der Golfsport. Aber sie wissen auch, er lockt Touristen. Den Golfern gefällt's hier nämlich ganz ausgesprochen gut. Auf hochmodernen Anlagen in atemberaubender Kulisse *können die Reichen die kleinen weißen Bälle in den Wind schießen* (Zitat). Der *Golf und Country Club Fleesensee* zählt zu den golfischen Topadressen des Landes. Als größtes Urlaubs- und Freizeitressort Nordeuropas bietet er Golfvergnügen mit zweiundsiebzig Löchern und seltsamen Dingen wie beheizten Abschlägen, über die der Meck-Pommer nur den Kopf schütteln kann. Auf Poel können Golfer dank Computersimulation und großer Leinwand auf berühmten Plätzen in den USA oder Dubai spielen. Und wer selbst keine Zeit hat, seine Träume zu verwirklichen, der schickt sein Kind nach Mecklenburg-Vorpommern, ins deutschlandweit erste Golfinternat (*http://www.golfclub-fleesensee.de*).

Nachtleben

Am besten ist man beraten, wenn man in Mecklenburg-Vorpommern nachts einfach schläft, vor allem wenn es sich um die Jahreszeiten Herbst, Winter und Frühling handelt. An lauen Sommerabenden findet sich bestimmt ein Plätzchen im Urlaubsort, an dem schwer was abgeht, wo man sich einen Pullover um die Schultern legen und noch ein Gläschen trinken kann. Die große Tradition der Sommerkonzerte ermöglicht, in einer nahen Kirche ein hübsches Konzert anzuhören, und sicher kann man in irgendeiner Hotelbar das Tanzbein schwingen. Vielleicht gibt es sogar eine Lichtershow, bei der, wie zur Stralsunder Ozeaneum-Eröffnung, ein paar verlassene Leuchtdioden auf dem Wasser herumschwimmen. Im Sommer kommt man jedenfalls ganz gut durch die Nacht. Als Tourist werden Sie nicht allzu viel missen, wenn Sie sich vorher schon mal mit dem Gedanken vertraut gemacht haben, nach Meck-Pomm zu fahren und nicht nach Malle oder Kölle.

Es gibt eine ganz einfache Rechnung:

Schminken Sie sich Sylter Promipartys auf Rügen ab, und schminken Sie sich Kinofilme jenseits der Blockbuster ab, und schminken Sie sich Alternativen ab, wenn Sie länger als sieben Tage bleiben, dann werden Sie nicht enttäuscht sein.

Sicher sind Sie skeptisch. Sie befürchten, vor Langeweile wie Virginia Woolf mit Steinen in der Tasche ins Wasser zu gehen. Aber vertrauen Sie ein bisschen der Natur. Die weiß, was sie tut, und hat alles unter Kontrolle. So lässt sie Sie essen, wenn Sie Hunger haben, und schlafen, wenn Sie müde sind. Das Reizklima wird auf natürliche Weise dafür sorgen, dass Sie des Nächtens nicht das Bedürfnis haben, durch die Straße zu tigern und die ultimative Party finden zu müssen. Sie werden todmüde in das weiche Doppelbett ihrer Ferienwohnung oder das nagelneue steinharte Hotelluxusbett sinken, um am nächsten Morgen festzustellen, dass Sie schon lange nicht mehr so tief und fest geschlafen haben. Die Nachfrage bestimmt schließlich das Angebot. Was zuerst da war beziehungsweise nicht da war, der Schlaf oder ein rauschendes Nachtleben, darüber gibt es unterschiedliche Ansichten.

Die etwas fetzigere Variante des Nachtlebens in Mecklenburg-Vorpommern plant man in der Rügenumgebung mit der *Ozelot*, der wöchentlichen Beilage der *Ostseezeitung*. Sie ist der Szeneführer, der seine Veranstaltungstipps allerdings auch mit der *300 Kilometer Partyzone* aufpeppt, also auch Berlin und Hamburg berücksichtigt.

Tipp: Nächtliche Spaziergänge in der Natur.

Schmeckt nicht, gibt's nicht

Mecklenburg-Vorpommern kulinarisch

Wenn der Mensch ist, was er isst, dann wäre der Meck-Pommer ein geräucherter Aal oder ein Sanddornstrauch, ein Schwarzbrot oder eine Tüffel (Kartoffel). *Ein bisschen gestampft und zermatscht sähe er aus, aber er käme ohne alle künstlichen Feinheiten zurecht, und man würde seine Zutaten wenigstens noch benennen können* (Zitat einer Mecklenburgerin). Ihr Mann fügt hinzu: *Schmalzig, fettig, soßig, üppig – der Teller muss halt voll sein.*

Ähnliche Beobachtungen mache ich auch. *Wie war das Essen*, frage ich. Euphorisch freudige Antwort: *So'n Klopper dat Fleisch.* Dazu werden mit Daumen und Zeigefinger acht Zentimeter abgemessen. *Und hat's geschmeckt?* Ein Augenblick des Zögerns, dann ein wohlwollendes: *Doch. – Doch.* Niemand rümpfte die Nase, als ein Drei-Gänge-Menü bestehend aus Soljanka, dreierlei Fleisch vom Huhn, Schwein und Rind und Apfelmus serviert wurde. Es war reichlich, und das allein zählte.

Auch wenn der Meck-Pommer nicht besonders anspruchsvoll und raffiniert is(s)t, seine Küche einfach und bodenständig ausfällt, so mag er in keinem Fall aber auf die gute Qualität seines Fischladens verzichten. Keine Ausrede zählt. *Seit er Bush die Hand geschüttelt hat, ist sein Fisch auch nicht mehr dat, wat er mal war,* beschwert sich eine Stralsunderin. Gemeint war ein Fischhändler, der sich vor einiger Zeit den *Bismarckhering* patentieren ließ. Er überreichte George W. Bush ein Fässchen seiner Spezialität. Zuvor durfte schon Gerhard Schröder den süßsauer eingelegten Heringslappen probieren. (Ich bin mir allerdings sicher, dass besagte Stralsunderin nur einen schlechten Tag erwischt hat und der Fisch beim Fischhändler Rasmus weiterhin tipptopp ist).

In Mecklenburg-Vorpommern regiert das Reizklima. Sie werden ständig Hunger verspüren und obendrein den leisen Zwang, frischen Fisch essen zu müssen. Sehr viel, sehr guten frischen Fisch für wenig Geld finden Sie zum Beispiel im Ostseebad Wustrow. Am Ende der Strandstraße gibt es einen Imbiss, dessen Preis-Leistungs-Verhältnis eine Wucht ist. Natürlich gehört Fisch auf den Speiseplan der Meck-Pommer. Schon Dienstmädchen haben sich Ende des 19. Jahrhunderts vertraglich von ihren Herrschaften verpflichten lassen, einmal die Woche Stör zu essen. Zander, Flundern, Dorsch, Hecht, Hering und Aal werden heute ganz ohne Ver-

trag verzehrt. Dabei gibt es eine Variationsvielfalt son-
dergleichen: So wird aus Aal Aalsuppe, Spiekaal, Sauer-
aal, Brataal, Schmoraal oder Räucheraal. Letzterer musste
mir sogar ins Krankenhaus geschmuggelt werden, damit
ich zur vollständigen Genesung bereit war. Fisch wurde
in meiner Familie, wie in vielen anderen, immer selbst
gefangen, selbst geräuchert, selbst eingelegt, selbst eingetauscht gegen anderen Fisch. Ich kontrollierte mein
Wachstum anhand der Salzfässer meines Großvaters, in
denen Heringe auf ihre Rollmopswerdung warteten.
Mein Bruder, der eine irreparable Abneigung gegen das
Grätenpulen hat, profitierte weniger vom Hobby meines
Großvaters, war aber keinesfalls benachteiligt, denn auch
Wild hat ganzjährig Saison. Ein Fünftel Mecklenburg-
Vorpommerns ist bewaldet. Außerdem kann man zu
Wild so schön deftige Dinge wie Klöße, Bratensauce
und süße Preiselbeeren reichen. *Bäter is bäter, secht de Jung
und streut sich Zucker up'n Sirup* – Die Liebe zum Süßen
haben die Meck-Pommer von den Schweden.

Apropos Schweden. Köttbular im *Ikea* in Rostock
laufen phantastisch, sogenannte *Bürgerkings* und *Meckdoofs*
ebenfalls. Auch griechische Restaurants, die die Teller
bekanntlich schön voll knallen. Und zu guter Letzt gibt
es in jedem Kaff das obligatorische Chinarestaurant,
wohl weil man sich hier darauf verlassen kann, dass alles
immer gleich aussieht und gleich schmeckt. Curry-
wurst- und Dönerbuden haben in Mecklenburg-Vorpommern gegen die mobilen Fischstände weniger
Chancen. Hier und da findet sich ein Italiener. Ich kenne
entlang der Ostseeküste allerdings mindestens vier Italiener, bei denen man Backfisch, Schnitzel, Klops und

Pommes bekommt. Wundern Sie sich nicht, wenn der Asiaimbiss mit *Pommes und Bockwurst* wirbt. Und wundern Sie sich auch nicht, wenn ein Schild am Eingang eines Bauernhofs mit *Hier Döner* lockt – auch das habe ich in Mecklenburg-Vorpommern sehen müssen. Entscheiden Sie sich im Zweifel lieber für *Zum Skipper* anstatt fürs *Da Vinci* oder *Mekong*. Und ein Tipp obendrauf: Entscheiden Sie sich für Eis anstatt für Kuchen. Das Talent zum Kuchenbacken und Tortenmachen scheint dem Meck-Pommer nicht in die Wiege gelegt worden zu sein. Damit an dieser Stelle nun kein falscher Eindruck entsteht, soll unbedingt erwähnt werden, dass in Mecklenburg-Vorpommern die meisten Sterneköche der neuen Bundesländer kochen. Der erste Stern in Mecklenburg wurde im *Ich weiß ein Haus am See* verliehen. Sie finden das Restaurant in Krakow am See. Sollten Sie sich zwar an der Mecklenburger Seenplatte, aber nicht am Krakower See befinden, sondern etwas südlicher am Plauer See, wählen Sie das *Fischerhaus* in Plau. Sollten Sie sich nicht am Plauer See, sondern an der Müritz befinden, lassen Sie sich im vielfach ausgezeichneten *Kleinen Meer* in Waren verköstigen. Spitzenrestaurants sind in Mecklenburg-Vorpommern leichter zu finden als *Starbucks* (den haben wir nämlich gar nicht), und das soll uns ein anderes Bundesland erst mal nachmachen.

Eeten, freeten, drinken, suupen, langsam goan und feste pupen – dat set an (Essen, fressen, trinken, saufen, langsam geh'n und kräftig furzen – das setzt an), lautet die hiesige Warnung. Trotz Warnung liegen die meck-pommerschen Männer mit einem durchschnittlichen Bauchumfang von 98,10 Zentimetern auf Platz 2 der dicksten Deutschen (ermittelt von *Menth's Health*). Auch die Meck-Pommerinnen landen unter den Top 3. Schuld daran sind Speisen mit aussagekräftigen Namen wie: Himmel und Erde, Milchsuppe, rote Grütze, Schwarz Sauer, Blutklöße mit Leberwurst, Grünkohleintopf, Klopfschinken, Schwarzbrot mit geräuchertem Speck, gekochter Dorsch mit Meerrettich und zerlassener Butter. Sollte man Ihnen in Mecklenburg-Vorpommern Hartewurst anbieten, greifen Sie unbesorgt zu. Dabei handelt es sich nur um die überall sonst mit Salami betitelte – Salami.

Wer sich über das mit Abstand liebste Nahrungsmittel der Meck-Pommer informieren möchte, besuche das Kartoffelmuseum in Tribsees. Ohne seine Tüffel läuft beim Meck-Pommer schon mal gar nichts. Reis und Nudeln habe ich in Mecklenburg-Vorpommern so selten gegessen wie ein Franzose Wurstbrötchen zum Frühstück.

Klassiker: Omas eingelegte Bratheringe für 1 Kilo Fisch (etwa 6 Stück)
1 ½ Liter Wasser mit Essigessenz (nach Geschmack), Piment (20), Senfkörner (½ Teelöffel), Wacholder (6), Lorbeerblätter (3), Nelke (1), Pfefferkörner (½ Teelöffel) und etwas Zucker kurz aufkochen lassen. Währenddessen Heringe leicht salzen (alle zusammen, nicht einzeln), in Mehl wenden und in Öl braten. Die gebratenen Fische in eine Schüssel geben, eine große, in Scheiben geschnittene Zwiebel darüber verteilen und den kochend heißen Sud *drüberschütten*. Ein paar Tage stehen lassen.

Dienstleistung und ihre Motivation

Schwarze Milch der Frühe, zitierte mein Literaturprofessor, um uns den Begriff Oxymoron zu erklären. Ebenso hätte er *Gastgeberland Mecklenburg-Vorpommern* als Beispiel für *etwas sich Ausschließendes* anführen können. Gastgeberland Mecklenburg-Vorpommern ist meinem Empfinden nach zumindest ein scheinbares Oxymoron. Ich bin der Überzeugung, dass Mecklenburg-Vorpommern seine Gäste landschaftlich ganz besonders liebevoll, aufmerksam, reizend und rührend empfängt, menschlich jedoch nicht ohne einige Erklärungen auskommt. Mehrfach angedeutet, muss ich es hier noch einmal ausdrücklich erwähnen: Der Meck-Pommer ist von Natur aus kein geselliges Tierchen. Im Umgang mit Fremden zeigt er sich scheu. Im Umgang mit Fremden, die ihn für seinen Umgang bezahlen, wandelt sich diese Scheu nicht selten in etwas gnatzig, nahezu unwirsch Wirkendes. Diese Wirkung lässt sich anhand dreier Unterkategorien genauer erläutern und soll Ihnen helfen, Ihre Gastgeber besser zu verstehen:

Kategorie A – Vorfahre Seeräuber
Kategorie B – Aktion Rose
Kategorie C – Falscher Beruf

Die Motivation von Kategorie A:
Typ A finden Sie entlang der gesamten Ostseeküste. Er bemüht sich redlich, ist dabei aber etwas ruppig und maulfaul, was an seinen Genen liegt und nicht an einer akuten Misslaunigkeit. Seine Vorfahren schipperten über die stürmische See, Regen peitschte ihnen Tag für

Tag ins Gesicht, die Handflächen von hindurchrut-schenden Tauen blutig, hatten sie am Abend wieder nur einen öden Fisch auf dem Teller. Dazu eine Buddel voll Rum. Gesprochen wurde nicht viel, bezahlt ebenso wenig. Man nahm sich, was man brauchte, und hatte, was man hatte. An Bord Papageien, die einem mit ihrem Geplapper schon bald den letzten Nerv zu rauben drohten. Typ A im meck-pommerschen Dienstleistungsgewerbe erkennen Sie an einem misstrauisch zusammengekniffenen Auge und an seiner knapp bemessenen Wortwahl.

Die Motivation von Kategorie B:
Die Motivation der unwirschen Wirkung des Typus B erklärt sich zu einem Großteil aus der 1953 entlang der meck-pommerschen Küste durchgeführten *Aktion Rose*. Mit der *Aktion Rose* wurden innerhalb nur eines Monats vierhundertvierzig Hotels und Pensionen und rund hundertachtzig Gaststätten, Wohnhäuser und Wirtschaftsbetriebe beschlagnahmt, ihre Eigentümer unter fadenscheinigen Gründen der Wirtschaftskriminalität bezichtigt und eingesperrt. Sinn und Zweck der Aktion war die Enteignung der privaten Hoteliers und Pensionsbesitzer, Gastwirte und anderer Dienstleistungsunternehmer. Dann übernahm der Staat den Ferienbetrieb. Er organisierte und kontrollierte ihn. Niemand konnte mir nichts dir nichts eine Unterkunft buchen, solange er nicht privat unterkam. Wer einen Ferienplatz hatte, freute sich und beschwerte sich nicht. Ebenso freute man sich über Ware, die unter oder über dem Ladentisch gereicht wurde – ganz gleich, ob dem ein

freundliches Lächeln beigefügt wurde oder nicht. Gnädig war, wer etwas zu geben hatte, glücklich der, der etwas bekam. Niemand musste sich sonderlich bemühen, seine Waren loszuwerden, sein Bett, sein Schweineschnitzel mit Ketchup. Diese Attitüde steckt dem ein oder anderen an der ostdeutschen Ostseeküste noch tief in den Knochen. Gänzlich begriffen hat Typ B das Unternehmen Dienstleistung und Marktwirtschaft noch immer nicht. Sie erkennen ihn an einem gewissen Unverständnis im Blick und dem unbedingten Versuch, es Ihnen recht zu machen. Manchmal greift er verbal etwas daneben, und so wird er auf Fragen wie: *Wo bleibt mein Essen?* mit: *Weiß ich nicht* antworten. *Soll ich diese oder diese Kette kaufen? – Das müssen Sie nun wirklich selber wissen! Können Sie mir mein Auto reparieren? – Kann ich schon, wenn ich will.*

Die Motivation von Kategorie C:
Es ist nun mal so, dass nicht jeder mecklenburgische Bulle das Zeug zu einem Rennpferd hat, oder anders: Manch einer ist für eine Pilotenausbildung zu blind, hat für den Beruf des Elektrikers zu zittrige Finger oder ist für eine Modelkarriere zu klein. Und dennoch gibt es Bullen, die auf ihren Wiesen und Weiden immer und immer wieder durchgehen, wild herumgaloppieren, als wären sie ein Rennpferd. Seien Sie jeglichen Bullen und Kühen gegenüber nachsichtig, die Sie bedienen, als ginge etwas mit ihnen durch. Typ C kommt allerorts vor, auch in Mecklenburg-Vorpommern. Sie erkennen ihn an den Fragezeichen, die in seinen Augen regelmäßig aufblinken, wenn Sie mit ihm sprechen.

Doch sind inzwischen einigen die Defizite im Service-bereich Gott sei Dank bewusst, und an der Behebung des meck-pommerschen Mankos wird mit Hochdruck gearbeitet. So plädierte der tourismuspolitische Sprecher der CDU für eine unbürokratischere Regelung für die Errichtung von Verkaufsständen. Er hat erkannt: *Wer den Urlaubern Eis und Bratwurst am Strand verweigere, könne es mit Service und Qualität im Tourismus nicht ernst meinen.*

Meine persönlichen Highlights:

Auf dem Postamt
Es liegt im Auge des Betrachters, ob nachfolgende Ge-schichte beweist, dass der Meck-Pommer stur und prin-zipientreu oder mitdenkend und fürsorglich ist:

Ich hatte von meiner Freundin den Auftrag erhalten, fünfzig Plakate nach Budapest zu schicken. So trug ich ein mittelmäßig schweres Paket in das Stralsunder Post-amt am Neuen Markt. Vor mir stand ein älterer Herr am Schalter, von mir als Einheimischer identifiziert, der sich nach Briefmarken erkundigte.

Aber wenn jetzt jeder kommt und sagt, dass er gerne dieses Mäppchen hätte, die Postfrau wedelte mit einer Reihe Marken, auf denen Leuchttürme abgebildet waren, *dann habe ich ja bald keine mehr, verstehen Sie das nicht?*

Doch, antwortete der Mann, *aber wenn Sie die da ver-kaufen,* er zeigte auf das Objekt seiner Begierde, *dann müssen Sie die doch auch verkaufen.*

Die Postfrau schnaufte verächtlich und auch ein kleines bisschen arrogant, nur weil sie ihre Logik etwas besser begriff als der Kunde. *Nehmen sie doch einfach die hier mit den Blumen drauf, und dann sind wir beide glücklich,* schlug sie vor.

Ich möchte aber gern die mit den Leuchttürmen.

Alle wollen die mit den Leuchttürmen, und deshalb muss ich das ein bisschen regulieren. Verstehen Sie das nicht? Sonst habe ich ja bald keine mehr, und dann kauft hier gar keiner mehr Briefmarken, weil die mit den Blumen ja keiner will.

Der Mann versuchte noch eine Weile, die Leuchttürme zu kaufen, und verließ dann resigniert das Amt. Spätestens da bestätigte sich meine Vermutung, dass es sich um einen Stralsunder und nicht um einen Touristen gehandelt hatte, der der Dame womöglich ordentlich die Leviten gelesen hätte.

Als Nächstes trat ich an den Schalter. Ich legte das Paket vor mich hin.

Was passiert damit?, fragte die Dame.

Wir schicken es nach Budapest, antwortete ich mit dem Hauch eines Fragezeichens.

Sie nahm es und legte es auf die Waage.

Oh, das ist aber schwer, was haben Sie denn da drin?

Muss ich Ihnen das verraten?

Ja, wegen Zoll.

Plakate.

Was für Plakate?

Plakate eben. Für eine Band.

Dann lassen wir das lieber, sagte sie mit einem Augenzwinkern und schob mir das Paket entgegen. Sie schielte über meine Schulter, bereit für das nächste Opfer.

Wie, wir lassen das?

Wir verschicken das lieber nicht.

Doch, sagte ich, *wir verschicken das lieber doch.*

Wissen Sie, was der Versand kostet?

Nee, aber der kostet, was er kostet, Hauptsache das Paket kommt in Budapest an.

Der Versand ist teurer als der Inhalt. Das wäre doch hirnrissig. Ich verschicke doch nichts, wo der Versand teurer ist als der Inhalt. Sie tippte sich an die Stirn.

Noch vor wenigen Augenblicken hatte ich mich über die Briefmarkengeschichte amüsiert und jetzt überkam mich plötzlich der absurde Gedanke, dass ich dem Mann womöglich gleich folgen würde, und zwar ohne mein Paket abgeschickt zu haben. Doch mir kam glücklicherweise eine Kollegin mit unnachahmlicher Überzeugungskunst zu Hilfe. *Ist doch nicht dein Problem,* sagte sie. *Mach doch einfach.*

Schließlich wurde gemacht, mürrisch und nicht ohne reichlich Verachtung in Blick und Atmung zu legen.

Im Café

Ich würgte mir bis vor einigen Jahren das Essen notfalls versalzen herunter, bevor ich im Restaurant etwas reklamiert hätte. Aber einmal fasste ich Mut. Das war, als in meiner roten Grütze eine tote Wespe steckte, die ich bereits zur Hälfte runtergeschluckt hatte.

Entschuldigen Sie. Ähm, hier ist eine tote Wespe in meiner roten Grütze.

Und was kann ich da tun?

Nichts, Verzeihung, hätte ich gesagt, wäre nicht meine Berliner Begleitung für mich in die Bresche gesprungen.

Ihr eine neue bringen und die Rechnung stornieren, antwortete sie geistesgegenwärtig.

Aber ich habe die Wespe da doch nicht reingetan. Das passiert nun mal. Natur! Sie hob beide Hände in die Luft.

Fassungslos schaute meine Begleitung eine Weile, was die Bedienung wohl unter Einverständnis verbuchte, denn sie ging.

Ist die jetzt gegangen?

Vielleicht holt sie mir ja eine neue!?, sagte ich, wohl wissend, dass mir hier nie und nimmer jemand eine neue rote Grütze bringen würde.

Wir warteten eine Weile, dann schnippste meine Begleitung mit den Fingern.

In der Ruhe liegt die Kraft, sagte die Bedienung, als sie wieder vor uns stand.

Wir würden gerne Ihren Chef sprechen, sagte meine Begleitung. (Ich sagte nichts mehr, solange wir in diesem Café waren.)

Der ist nicht da. Was wollen Sie denn?

Eine neue rote Grütze.

Bring ich Ihnen, sagte sie. Brachte sie auch, und ich aß sie. Mir war klar, dass der letzte Akt des Wespendramas erst mit der geordneten Rechnung beginnen würde. Darauf tauchten selbstverständlich zwei rote Grützen auf.

Wir zahlen bestenfalls eine, eigentlich zahlen wir gar keine.

Wieso nicht?

Weil in der einen eine tote Wespe war.

Die hätten Sie ja rauspükern können. Deshalb ist die Grütze trotzdem noch genießbar.

Meine Begleitung schob mit den Kniekehlen den Stuhl nach hinten und zog mich am Pullover hoch.

Ich bezahle hier gar nichts mehr!

Wir gingen. Aus dem Augenwinkel sah ich die verdatterte Bedienung, wie sie verständnislos den Kopf schüttelte.

Meiner Begleitung erklärte ich, dass der Meck-Pommer einfach zu wenig etepetete sei, um sich von einer Wespe das Essen vermiesen zu lassen.

Aber du bist doch auch von hier?

Ja, mir ist die Wespe auch vollkommen wurscht. Ich hätte die Grütze trotzdem gegessen. Ich wohne nur schon zu lange in Berlin. Jeder um mich herum beschwert sich dauernd über irgendwas. In Mecklenburg-Vorpommern beschwert man sich nicht übers Essen. Das ist den meisten auch nicht wichtig genug.

Und was ist wichtig?

Vielleicht, dass der Nachbar grüßt.

Achtung! Wenn Sie nur eine Kleinigkeit essen mögen und Sie auf der Speisekarte ein Ragout fin anlacht, bestellen sie bitte kein Ragout fin, sondern ein Ragufengg, ansonsten werden Sie für den Rest ihres Restaurant-Aufenthalts unter den skeptischen und spöttischen Blicken der gesammelten Belegschaft zu leiden haben (eigene Erfahrung).

Beim Friseur

Neben Optikern und Schuhläden finden sich in Mecklenburg-Vorpommerns Einkaufstraßen vor allem Friseurläden. Ich stehe nicht auf Friseure. Wenn ich da vor den Spiegeln sitze, weiß ich nicht, wohin ich gucken soll. Ich muss Friseurbesuche von meiner Tagesform abhängig machen, und einmal überraschte mich ein gutes Friseurgefühl mitten in Greifswald.

*Einfach so zehn Zentimeter ab. Und am Schnitt orientieren.
Bisschen stufen und so.*

Okay.

Haare werden gewaschen und gekämmt.

Schon mal über Strähnchen nachgedacht?

Nee.

Würde Ihnen gut stehen.

Nee, nur schneiden.

*Meine Oma, die ist jetzt siebenundachtzig und hat sich so
rote Strähnchen reinmachen lassen.*

Ich wartete darauf, dass sie die Schere ansetzte, aber
das tat sie vorerst nicht.

Muss ja nicht rot sein. Wir können auch blonde machen.

Nee, nee, wirklich nicht. Bitte einfach nur so'n Stück ab.

Aber warum? Die Länge steht Ihnen gut.

Ich hab's lieber ein bisschen kürzer.

*Meine Oma findet, dass man auch im Alter mit der Mode
gehen muss. Also wie gesagt, es muss ja nicht gleich rot sein.*

Vielleicht will Ihre Kollegin mir die Haare abschneiden,
sagte ich und sah Hilfe suchend nach rechts, aber die
Kollegin war vollauf damit beschäftigt, ihrer Kundin
Farbe ins Haar zu pinseln.

Es dauerte eine geraume Zeit, aber letztendlich wurden mir die Haare von diesem sturen Bock geschnitten.
Auch wenn es manches Mal etwas länger dauert, irgendwann wird den Wünschen nachgegeben.

Fazit: Persönliche Beratung inklusive Meinung geht
in Mecklenburg-Vorpommern vor einfacher Dienstleistung.

Exportschlager

Strandkörbe

Anlässlich des G-8-Treffens schlug die Schweriner Pro-
jektgruppe Landesmarketing vor, die Region Mecklenburg-Vorpommern mit einem typisch deutschen
Produkt *made in Mecklenburg-Vorpommern* zu bewerben:
mit einem Strandkorb. Vorschlag angenommen, eine
XXL-Version gefertigt, die acht mächtigen Staatschefs
für ein gemeinsames Foto hineingesetzt und anschließend das typische *made in Mecklenburg-Vorpommern Produkt* on *Bild* versteigert. Mir stellte sich damals die Frage:
Warum um Himmels willen wirbt mein Bundesland,
wann immer es vom Licht der Weltpresse geblendet
wird, mit Dingen wie Heringen und Strandkörben?
Was ist an einem Strandkorb typisch Mecklenburg-Vor-

pommern? Dass man in Mecklenburg-Vorpommern bei kräftigen Brisen so lange mit dem Rücken zum Wind steht, bis er von ganz alleine wieder abflaut? Oder dass sich der Meck-Pommer, wie seine Leibspeise, die Kartoffel, im Schutz vor allzu viel (Weltpressen)Licht wohler fühlt?

Die Antwort, die ich mir gab: Viele Meck-Pommer haben einen Großteil ihres Lebens in einem Strandkorb verbracht. Womöglich rühren daher etliche ihrer Fähigkeiten. Zum Beispiel hat der Strandkorb einen ganz interessanten Scheuklappeneffekt, der dem Meck-Pommer in Fleisch und Blut übergegangen zu sein scheint. Sicht auf Stück für Stück. Jedes Stück wird lange und eindringlich inspiziert, bis sich der Wind dreht. Dann wird sich samt Strandstuhl auch gedreht, sodass man den Wind niemals von vorne hat. Noch heute überfordern mich größere Gesellschaften, weil ich die Sommer meiner Kindheit an einem klitzekleinen Tischchen verbracht habe, den es am Strandkorb auszuklappen gibt. Allein mit einem belegten Brot, einem Getränk und keinem Schnickschnack. Alles tischchenfertig, keine Wahl, Blick auf Wo-wir-herkommen. Nervtötende Möwen und Wespen, aber niemals ein Übermaß an Menschen. Typisch für den Strandkorb: Es passen für gewöhnlich nur zwei Leute hinein, also *ist der Platz für Idioten stark begrenzt*, wie einst ein Greifswalder Dozent den kleinen Rahmen seiner Vorlesung kommentierte.

Wahrscheinlich ist der Strandkorb an sich ein Symbol für den mittlerweile hinreichend bekannten meck-pommerschen Sturkopp. Schließlich gibt es ihn nur, weil eine renitente Mecklenburgerin ihrerzeit nicht einsehen wollte, dass ein Strandaufenthalt ihrem Rheuma nicht bekam. Zu viel Wind, zu viel Sonne. Die Warnemünder Dame wollte sich aber vom Rheuma nicht ihre geliebten Seeaufenthalte verbieten lassen, also marschierte sie 1882 zum Rostocker Hofkorbmacher Wilhelm Bartelmann und orderte etwas, dass ihr den lästigen Wind aus dem Rücken hielt. Sie bekam daraufhin einen als *aufrecht stehenden Wäschekorb* belächelten Strandstuhl gefertigt. (Selbstredend wurde damals von Herrn Bartelmann das Patent nicht angemeldet.) Spätestens in den Zwanzigerjahren eroberte dieses Ding endgültig die Küsten. Theodor Fontane nannte ihn *Korbhütte*, Tucholsky ein *eigentümlich bergendes Sitzhäuschen*.

Heute gibt es ihn tausendfach als Ostsee- (geschwungener) oder Nordsee- (kantiger) Modell, als Halblieger, als Ganzlieger, noch immer per Hand geflochten. Wo die Touristen herkommen, die darin sitzen, erkenne ich an der Art, wie sie im Strandkorb lungern. So sitzt beispielsweise der Ruhrpöttler (der neuerdings mit dem Billigflieger Germanwings in null Komma nix für fast null Komma nix von Köln nach Rostock fliegen kann) wie in seinem häuslichen Fernsehsessel, lagert seine Bierchen unter den Fußstützen, legt sich ein extra Handtuch hinein (Motiv Formel 1) und kickt seinem Sohn den Fußball entgegen. Der Berliner liegt ohne Extrahandtuch, trägt dafür eine extra große Sonnenbrille und blättert in einer Illustrierten. Auf Usedom werden die Strandkorbsitzer von Strandkorbmäxchen, mit richtigem Namen Klaus, versorgt: *Wenn sich einer verletzt hat, betreu ich ihn, nich? Kriegt er Pflaster, die Kin-*

der kriegen ein Bonbon von mir, und so geht das hier den ganzen Tag.

Amerika hat Florida, Österreich die Alpen. Deutschland hat Mecklenburg-Vorpommern. So schrieb *Die Welt.* Ja und was hätte Amerikas Florida vor allem ohne Mecklenburg-Vorpommern?, frage ich. Jedenfalls keine Strandkörbe. Mittlerweile wird das typische Mecklenburg-Vorpommern-Produkt weltweit geordert, ob Florida, Kalifornien (nimmt sich die Stralsunder Jugend daher das Recht, ihre Stadt mit dem Synonym Stralibu zu versehen?) oder österreichische Steiermark. Selbst die Gärten von Beckenbauer und Bohlen kommen ohne die *umgedrehten Wäschekörbe* nicht mehr aus. Dennoch hat das jährlich sechstausend Strandkörbe produzierende Unternehmen, dass die XXL-Version für die G 8 fertigte, Ende 2008 Insolvenz anmelden müssen.

Kann man sich mal anschauen, kann man aber auch mitmachen:
Traditionell am vierten Wochenende des Jahres eröffnet Usedom die Badesaison mit dem Winterstrandkorbfest, bei der unter anderem jedes Jahr der Sprintweltmeister im Strandkorbschleppen gesucht und gefunden wird.

Energie

Energie aus Mecklenburg-Vorpommern, werden sie sich skeptisch fragen, wenn Sie einen Landesvertreter in den Medien davon sprechen hören. Henry Tesch (Bildung, Wissenschaft und Kultur): *Man soll das Kind nicht mit dem Bade ausschütten* oder, besser noch: Uta-Maria Kuder (Justiz): *Zu Hause habe ich keinen Handyempfang, was ja manchmal auch Vorteile hat.*

Und doch übernimmt Mecklenburg-Vorpommern eine Vorbildfunktion in Sachen Energie. Hier kommt sie vom Acker direkt, also fast direkt, in die Steckdose. Riesige Stilllegungsflächen werden für nachwachsende Rohstoffe genutzt. Raps, so weit das Auge reicht. Und am Horizont Windräder. Nicht nur was die erneuerbaren Energieressourcen wie Raps und Holz betrifft, auch bei der Erzeugung von Windenergie gehört Mecklenburg-Vorpommern zu den führenden Bundesländern. Eintausendzweihundert Windkraftanlagen speisen derzeit etwa 1250 Megawatt ins Netz. Und die Sonne, nirgends scheint sie öfter als in Mecklenburg-Vorpommern. Jährlich schickt sie zehntausendmal mehr Energie auf die Erde, als insgesamt verbraucht wird. Mehr als 30 Prozent der Haushalte werden in Mecklenburg-Vorpommern mit erneuerbarer Energie versorgt.

Um aufgebrauchte Energie wieder aufzuladen, empfiehlt sich ein Besuch im mecklenburgischen Stonehenge. Worum woanders in der Welt ein großer Zinnober veranstaltet wird, kann man auch im mecklenburgischen Buchenwald Boitins unter dem Namen Steintanz bekommen. Auch dort stehen große Steine im Kreis und sollen eine astronomische Bedeutung haben. In Mecklenburg-Vorpommern gibt es eine ganze Reihe sogenannter Kraftorte, Plätze mit einer besonderen Ausstrahlung, die Ruhe und Energie schenken, an denen man Kontakt mit Gott und/oder der Erde knüpfen kann.

Auch im Ewersdorfer Forst in der Nähe von Greves-
mühlen liegen viele große Steine (Megalithen) herum
und bilden Hünengräber, auf die man sich wunderbar
draufsetzen kann, um ein Butterbrot zu essen, einen
Schluck Wein zu nehmen oder Kaffee aus der Ther-
moskanne zu trinken, bis die Batterie wieder voll ist.

KaDeWe

Liebe Berliner, wir möchten euch gerne mal was sagen:
Euer ehrenwertes *Kaufhaus des Westens*, genannt Ka-
DeWe, gehört uns! Ihr versteht sicherlich den forschen
Ton, wenn ihr bedenkt, dass etliche von uns noch immer unter unklaren Besitzansprüchen zu leiden haben,
nachdem ihre Vorfahren durch die Bodenreform ent-
schädigungslos enteignet, ihre Hotels während der Aktion Rose verstaatlicht oder ihr Acker für die kollektive
Idee der Landwirtschaftlichen Produktionsgenossenschaft (LPG) gebraucht wurden.

1881 eröffnete Rudolph Karstadt mit 1000 Talern
Startkapital sein erstes *Tuch-, Manufaktur- und Confections-
geschäft* in Wismar. Und auch *Kaufhof* gäbe es nicht ohne
Mecklenburg-Vorpommern. Denn bei uns, in Stralsund,
machte Leonhard Tietz 1879 ein *Garn-, Knopf-, Posamen-
tier- und Woll-Waren-Geschäft* auf und legte damit den
Grundstein für das erste deutsche Warenhaus mit nicht
viel mehr als der Überzeugung, dass sich ausgezeichnete
Qualität zu Fixpreisen und Barzahlung verkaufen lassen
sollte.

Sowohl Tietz als auch Karstadt wurden im Nationalsozialismus aufgrund ihrer jüdischen Abstammung enteignet.

Durch Enteignungen infolge der Bodenreform, des Nationalsozialismus und der Aktion Rose begannen viele Menschen hier immer wieder von vorne. Und auch ihre traditionellen Berufe wie Landwirt, Handwerker und Fischer trugen nicht gerade dazu bei, dass hier Reichtum vermehrt und vererbt werden kann. Mecklenburg-Vorpommern ist ein Land der Neuanfänge.

Schiffsschrauben

Ohne Mecklenburg-Vorpommern käme die *Queen* nicht vom Fleck. Wir machen das Schnellste zum Schnellsten und bewegen das Größte vorwärts. Asien kann uns keine Angst einjagen. Nur wir sind in der Lage, die weltweit größte Schiffsschraube zu fertigen. Wir liefern nach Südkorea, China, Italien, Frankreich, Dänemark, Polen, Portugal, Kroatien, Brasilien, Indonesien, Indien und so weiter und so fort. Jede vierte große Schiffsschraube, die den Riesen auf den Weltmeeren Feuer unterm Hintern macht, so auch der *Queen Mary II*, stammt aus Mecklenburg-Vorpommern. In Waren an der Müritz, 21 400 Einwohner, entstehen die modernsten, antriebsstärksten, schwersten und größten Schiffspropeller der Welt. Hochpräzise Propellerbohr- und Fräsmaschinen bearbeiten die Schiffsschrauben mit einer Genauigkeit von einigen Hundertstel Millimetern. Und doch ist kein Propeller perfekt ohne den Feinschliff durch eine erfahrene Meck-Pommer-Hand. Die Präzision und Gewissenhaftigkeit der Meck-Pommer werden auf allen Kontinenten und vor allem auf den Meeren dazwischen geschätzt. Jede Schraube ist ein Unikat, ganz wie ihre Erschaffer. *Wenn das Schiff erst einmal im Wasser ist*, also das Kind gewissermaßen in den Brunnen gefallen, *lässt sich nichts mehr ein- oder verstellen*, sagt der Chef der Mecklenburger Metallguss GmbH. Mit diesem Druck kommt der Meck-Pommer gut zurecht, schließlich lebt er von Kindesbeinen an à la *Wat wech is, is wech.*

Auch das ist Mecklenburg-Vorpommern! Da, wo man es in seiner ursprünglichsten Form erwartet, die dem Klischee entsprechend lethargisch und aussichtslos sein müsste, werden 120 000 PS und 140 Tonnen in Form nur einer einzigen Schiffsschraube in die Welt hinausbefördert. Keinesfalls untypisch für das Land. Immer da, wo man ihm nichts zutraut, die Bedenken den Einwohnern gegenüber enorm ausgeprägt sind, an diesen Stellen bündelt Mecklenburg-Vorpommern seine Kraft und beweist Stärke, wie das Korn auf seinen Feldern.

Lange vor der offiziellen WM-Hymne von 2006 hatte man in Waren auch ohne Grönemeyer begriffen, dass es Zeit wurde, dass sich was dreht. Und dafür brauchte es in Mecklenburg-Vorpommern auch keine ganze Fußballnation, sondern nur im Schnitt zweihundert Mitarbeiter, die den Umsatz der Mecklenburger Metallguss GmbH (MMG) zwischen 1992 und 2008 von 2,5 Millionen auf 100 Millionen Euro steigern konnten. Als einziges nicht koreanisches Unternehmen konnte die MMG 2008 eine Medaille für herausragenden Service von seinem größten Kunden, der Samsung Werft (zweitgrößte Werft der Welt), entgegennehmen.

Damit nicht genug. In Waren ist zugleich der größte deutsche Binnenfischereibetrieb ansässig. Der Wellpappenweltmarktführer, der amerikanische Smurfit-Kappa-Konzern, produziert hier. Dänemark, Schweden, Norwegen und Mecklenburg-Vorpommern erhalten von hier Brot und knusprige Brötchen aus den *Mecklenburger Backstuben*. Kein Geringerer als Klausjürgen Wussow besuchte das Warener Gymnasium, nur einen Katzensprung entfernt von der Müritz, dem größten deutschen See, der gänzlich in der Bundesrepublik liegt.

Mecklenburg-Vorpommern sorgt nicht nur für den Antrieb der *Queen* auf dem Wasser, ohne Mecklenburg-Vorpommern gäbe es auch eine Queen nicht zu Lande. Queen Victorias Oma war Mecklenburgerin, die im 18. Jahrhundert an der Seite von König George III. das britische Empire regierte. Nebenbei bemerkt schwangen wir – vertreten durch die Rostocker Großfürstin Anna Leopoldowna (Elisabeth Katharina Christine von Mecklenburg-Schwerin) – im gleichen Jahrhundert auch über das Russische Reich das Zepter.

Rindviecher

540 000 Rinder und 700 000 Schweine, macht zusammen etwa 1,2 Millionen Rinder und Schweine, plus einen Haufen Schafe. Bei 1,7 Millionen Einwohnern bedeutet das, in Mecklenburg-Vorpommern herrscht ein gemütliches Miteinander von Mensch und Tier. Den Tieren gegenüber zollt der Meck-Pommer Respekt, indem er den Stierkopf im Wappen ehrt und das

Schwein nicht für Schimpfwörter missbraucht. Anstelle von: *Du dummes Schwein* schimpft er: *Du Dösbaddel.*

Deshalb vielleicht kommen glückliche Kühe auch aus Mecklenburg-Vorpommern. Mecklenburg-Vorpommern ist zum Land der Biorinder geworden. Auf den mecklenburgischen und vorpommerschen Weiden wachsen und gedeihen sie frank und frei, jenseits industrieller Mast. Cowboys auf Westernpferden halten sie im Zaum. Zum Beispiel auf *Gut Borken*, zehn Kilometer von der polnischen Grenze entfernt, wo ein Teil der fünfzehntausend Fleischrinder der Bioerzeugergemeinschaft *Weidehof* grast. Die Rinder prägen das landschaftliche Bild des Landes und enden glücklich zwischen den Brötchenhälften von *McDonald's* oder in den Gläsern vom Babykosthersteller *Hipp.* So viel Ökorind und neuerdings auch Ökoschwein liefert kein anderes Bundesland. Mecklenburg-Vorpommerns Rindviecher und Schweine stehen für Fortschritt und Qualität.

Trotz der großen Anzahl an Biohöfen kauft der Einheimische seine Milch und sein Schweinekotelett bei *Lidl* und *Netto.* Das romantische Bild des Hofverkaufs in ländlicher Umgebung bleibt in Mecklenburg-Vorpommern leider nur allzu oft ein Klischee.

Glas

1786 schreibt Christoph Baron von Langermann: *Das Salz nebst dem Glase sind vorizt die beyden einzigen künstlichen Produkte von einiger Wichtigkeit, deren wir uns rühmen können, man mag dabey auf einländischen oder auswärtigen*

Absatz sehen. Alles übrige, was durch Kunstfleiß im Lande hervorgebracht wird, ist nicht von dem Belang, daß es den Reichthum vermehren, oder in der Bilanz des Handels einen Ausschlag geben könnte.

Im 17. und 18. Jahrhundert gehörte Mecklenburg – heute unbekannterweise – zu den bedeutendsten Glashüttenlandschaften des Landes. Die beiden wichtigen Rohstoffe zur Glasherstellung Kies und Holz waren in Unmengen vorhanden.

Exportiert wurde das berühmte *Mecklenburger Waldglas*, das aufgrund eisenhaltigen Sandes (Quarzsand) beim Schmelzen grün wurde, nach Holland, England, Skandinavien und nach Nordamerika.

Import

Touristen

Ich versteh die Leute da auch nicht – die haben doch nix als tourismusgeeignete Natur und deshalb müssten sie sich über jeden Deppen scheckig freuen … (Henny, Internetblog)

Wie bitte? Wo wir doch in der tourismusgeeigneten Natur auch überaus tourismusgeeignete Unterkünfte anzubieten haben. Das *Kurhaus Binz* wurde 2005 von einer halben Million TUI-Urlaubern von zehntausend Ferienhotels zum weltweit besten (in Zahlen: Platz 1) Urlaubshotels gewählt. Wir haben Heiligendamm. Wir haben die Jachthafenresidenz *Hohe Düne* in Warnemünde. Wir haben!

Aber es ist dennoch fatal für ein Land wie MVP, für das

Tourismus so wichtig ist, wenn es trotz Weite der Landschaft so klaustrophobisch eng wirkt. (Kid37, gleiches Internetblog)

Klaustrophobisch eng? Wenn es pathologische Probleme im Bereich Raum gibt, dann haben wir es in Mecklenburg-Vorpommern anstatt mit Klaustrophobie wohl eher mit Agoraphobie zu tun. Zwei Beispiele:

Land Fleesensee (am Fleesensee):

Deutschlands größte Ferien- und Freizeitanlage, in der neben dem *Radisson SAS Resort Schloss Fleesensee*, dem *Dorfhotel Fleesensee* und dem einzigen *Robinson Club* auch Europas größtes Golfressort zu finden ist.

Weiße Wiek (in Boltenhagen):

150 000 Quadratmeter gehören Ihnen. Das Ferienressort *Weiße Wiek* (*Wiek* ist das norddeutsche Wort für Bucht) ist laut TUI *eines der ehrgeizigsten Tourismusprojekte Deutschlands.* 100 Millionen Euro stecken in der Anlage, die aus zwei Hotels und einem Jachthafen besteht. Das familienfreundliche Dorfhotel und das luxuriöse *Iberotel* stehen dort, wo sich zu anderer Zeit ein Fliegerhorst der Wehrmacht und Stützpunkt der Nationalen Volksarmee befand. *Kein Billigurlaub, aber auch keine abgehobene Luxusklasse* – so umschreibt TUI die Preisgestaltung ihrer beiden neuen Häuser.

Segen und zugleich Fluch des Landes: der gemeine Tourist. Er hinterlässt Geld da, wo er die Preise so hochtreibt, dass für die Einheimischen der außerhäusliche Kaffee zu preisintensiv geworden ist, um ihn zu genießen, und der Tourist hinterlässt Fußspuren in Vogelschutzgebieten und überall sonst, wo er nichts zu suchen hat. Touristen in Mecklenburg-Vorpommern sind in etwa das, was in anderen Haushalten die Verwandtschaft ist. Wenn die Verwandten wieder weg sind, denkt man, so schlimm sind sie ja doch nicht, und die können gerne mal wiederkommen – mit ihrer Kohle. Man hat sie auch irgendwie lieb und fühlt sich ihnen verpflichtet, und man möchte auch, dass sie nicht bei den anderen übernachten, sondern bei einem selbst, sonst ist man beleidigt. Sobald sie da sind, gehen sie einem auf die Nerven, und man fragt sich, ob man eigentlich auch so ist wie sie.

Auffällig ist, dass der Tourist, hier als Urlauber bezeichnet, nahezu ausschließlich an Ostseeküste und Seenplatte zu finden ist. Ansonsten hält er sich zurück, was die Erschließung und Entdeckung der Zwischen*zone* betrifft. Laut einer Gästebefragung des Tourismusverbandes aus dem Jahr 2003 lässt sich der typische Mecklenburg-Vorpommern-Tourist wie folgt skizzieren: Ein im Auto mit Partner ohne Kinder anreisender, etwa 47,5 Jahre alter Stammkunde mit einem monatlichen Haushalts-Nettoeinkommen von 2550 Euro, der regelmäßig in den Urlaub fährt und zur Hälfte aus den alten und zur anderen aus den neuen Bundesländern kommt. Er war auch schon des Öfteren am Mittelmeer und übernachtet in Mecklenburg-Vorpommern am häufigsten im Hotel für durchschnittlich 47 Euro pro Person oder im Ferienhaus/FeWo für 23 Euro pro Person, wobei er die Ostseebäder bevorzugt und seine Reise zumeist selber plant und direkt über den Vermieter bucht. Durchschnittlich gibt er im Mecklenburg-Vorpommern-Urlaub 20,50 Euro pro Tag aus und bleibt sieben Tage, in denen er sich aktiv betätigen möchte und Natur, Ruhe und einen schönen Badestrand erwartet. Nach Schulnoten bewertet er die Unterkünfte mit 1,94, die Gastronomie mit 2,3 und die Freizeitmöglichkeiten mit 2,43.

In früheren Zeiten kam der Tourist in Form der Zarenfamilie, die glückselig die Promenaden beschritt, kam als Admiral Nelson, stürzte sich als Johannes Brahms in die Fluten, saß als Maxim Gorki unter den Kiefern, badete als Kurt Tucholsky im Meer, dichtete als Rilke, ließ sich als Theodor Fontane inspirieren, als Clara Schumann vom Wind durchpusten, als Edvard Munch bezaubern, als Albert Einstein etc. pp. Laut Tourismusverband traf sich *ab dem Sommer 1871 an der Ostseeküste alles, was Rang und Namen oder Geld hatte: Majestäten und andere Hochwohlgeborene aus ganz Europa, Offiziere und Generäle, Bankiers, Fabrikanten, hohe Beamte, Hochstapler und Heiratsschwindler ebenso wie Ärzte, Anwälte, Dichter, Denker, Künstler und nicht zuletzt die glamourösen UFA-Stars.*

Heute kommen Hinz und Kunz, die im Anschluss an ihren Urlaub feststellen werden, dass Urlaub im eigenen Land nicht billiger ist, als nach Ibiza zu fliegen, dass die Preise in einem ostdeutschen Touristenland den bayerischen Preisverhältnissen in nichts nachstehen und dass die Vogelwelt nicht nur aus Spatzen, Dohlen und Tauben besteht.

Nachwort: Visionen

Mecklenburg-Vorpommern hat bereits einige Grundsteine für eine solide Zukunft gelegt. Es hat den kompletten Provinzflughafen Parchim an chinesische Investoren verkauft, das Bio- und Gesundheitshotel *Gutshaus Stellshagen* eröffnet, Kooperationen mit chinesischen Medizinfakultäten begonnen, eine Schule gegründet für die Ausbildung in Ayurveda, Shiatsu und was sonst auf diesem Gebiet in ist; es ist Vorbild und Vorreiter der Ökobranche und der Energiegewinnung und hängt in Lubmin an der Ostseepipeline. Sie sehen: Wir sind unglaublich fortschrittlich.

Zentral in Europa gelegen, in einer Zeit, in der Coca Cola mit grünem Wellness-Tee angereichert ist, in einer Zeit, da man nicht weiß, wohin, wenn man alt ist, in einer Zeit, in der Kinder Tiere und Pflanzen nur noch zweidimensional kennen, in einer Zeit, in der das degenerierte Auge nur noch gerade Linien verarbeiten will und sich von den natürlichen Formen der Natur verunsichern lässt, wird mein Bundesland in Zukunft enorm, ich sage enorm, an Bedeutung gewinnen. Der frühere Wirtschaftsminister Ebnet redete vom *Sanatorium der Republik*. Gesundheitswirtschaft heißt das Zauberwort. Einen nationalen Ruhesitz, ähnlich dem Bundesstaat Florida, wollte der ehemalige Ministerpräsident Ringstorff erschaffen, seine Vision: *Ein Florida des Nordens*.

Was die Vögel längst begriffen haben, soll den Menschen auch verständlich gemacht und Mecklenburg-Vorpommern als Kur- und Wellnessland etabliert werden.

Meine Vision: Angela Merkel hat ihren Job an den Nagel gehängt und kellnert nun im Restaurant auf der Selliner Seebrücke, um nicht den Kontakt zu den Bürgerinnen und Bürgern zu verlieren, oder sie ist in die Fußstapfen ihres Vaters gestiegen und Pfarrerin in der kleinen Kirche in Middelhagen geworden, wo sie weiterhin für die Probleme ihrer Mitmenschen ein offenes Ohr hat, zum Beispiel für Gerhard Schröder, der hin und wieder vorbeikommt und über Probleme der Ostseepipeline im nahen Lubmin klagt, wo das Kohlekraftwerk nicht gebaut worden ist.

Steinmeier und Obama wälzen ihre Weltsorgen am Kap Arkona und sich selbst im Sand am Fuße des Kreidefelsens, denn dieses Naturkreidepeeling ist unglaublich en vogue.

Es gibt natürlich keine Fische mehr, die lebenden Exponate im Ozeaneum sind Millionen wert und machen

Mecklenburg-Vorpommern reich wie zur Hansezeit. Zweite Einnahmequelle: Vineta taucht in regelmäßigen Abständen wieder auf (natürlich vor Usedom, da, wo es hingehört) und drückt in Polen den Preis einer Stange Zigaretten auf 2,50 Euro.

Straffe, glatte Haut von Achtzig- bis Hundertjährigen wird in schneeweißen Ferienanlagen gebräunt – noch immer hilft Quark gegen Sonnenbrand.

Menschen unter dreißig sitzen stundenlang fasziniert vor einem Laubfrosch oder einer Lachmöwe. Solch merkwürdige Wesen haben sie nie zuvor gesehen.

Ich selbst bin Villenbesitzerin in Göhren und Gutsherrin an der Mecklenburger Seenplatte. Die Chinesen erlassen mir die Flughafensteuer auf ihrem Parchimer Flughafen, weil ich stets so viel und so weit wegfliege … und immer wiederkomme.

Test: Kann mich Mecklenburg-Vorpommern glücklich machen?

Fragen:

1. Angenommen Sie gehören zu den Normalos, die auch Fisch verzehren. Wie mögen Sie den Fisch am liebsten?

a) Sie sind sushisüchtig und brauchen zweimal die Woche den Fisch in kleinen Häppchen und roh.

b) Sie bevorzugen den Fisch auf den Punkt gegart – einen Klecks Safran, Trüffel, Kaviar obendrauf, und Sie werden voraussichtlich zufrieden sein.

c) Sie mögen Fisch, der tagelang in Salz oder Essig lag, um schließlich im Brötchen mit Salatblatt und Zwiebelscheibe in Szene gesetzt zu werden.

2. Sie befinden sich in Stralsund, einer der fünf größten Städte des Bundeslandes, und wollen, warum auch immer, nach 20 Uhr noch einmal das Haus verlassen. Hätten Sie die freie Wahl, für welches öffentliche Verkehrsmittel würden Sie sich entscheiden?
a) Zweifelsohne für ein Anrufsammeltaxi. Was ist schöner, als sich mindestens eine Stunde vor dem Ausgehen oder Heimgehen zu entscheiden, aus- oder heimzugehen?
b) Für eine U- oder S-Bahn. Was denn sonst?
c) Für einen schnöden Bus, wie es ihn überall gibt.

3. Worauf begründet sich Ihre Meeraffinität?
a) Ich liebe Wellen und den Salzgeruch.
b) Dass es einfach nur da ist.
c) Ich spiele gerne nackt Volleyball.

4. Sie brauchen außerhalb von Rostock frischen Koriander.
a) Was ist Koriander? Ich brauche keinen Koriander!
b) Ich ersetze Koriander durch Pfeffer und Salz. Ich bin froh, dass mich meine Umgebung wieder zurück zur Ursprünglichkeit zwingt.
c) Ich bestelle im Internet. Ist doch kein Problem.

5. Wie gestalten Sie am liebsten Ihre Freizeit?
a) Ich stürze mich ins Vergnügen.
b) Ich stürze mit einer Angel ans Wasser.
c) Ich denke darüber nach, mich von einem Kirchturm zu stürzen.

6. In einer Kneipe passiert Ihnen das Unfassbare – Sie werden von einem Einheimischen zu einem Getränk eingeladen. Was bestellen Sie?

a) Brings mir mol a anständiges Weizen.

b) Sischer dat – Kölsch.

c) Alles andere, aber nicht a und b.

7. Sie möchten sich gerne über gesellschaftsrelevante Dinge unterhalten. Stimmt das?

a) Ehrlich gesagt bin ich froh, wenn alle mal die Klappe halten.

b) Ich möchte mich vor allem über unsere Bundeskanzlerin unterhalten.

c) Unbedingt. In Runden, in denen niemand etwas sagt, bekomme ich Beklemmungen.

8. Sie ziehen nach Mecklenburg-Vorpommern. Warum?

a) Weil ich unkonventionell bin, aber zu feige, um ganz auszusteigen.

b) Weil ich mich beruflich verwirklichen möchte.

c) Warum nicht?

d) Ich ziehe nicht nach Mecklenburg-Vorpommern, ich verstecke mich dort.

9. Vor wem haben Sie Angst?

a) Roland Koch.

b) Rasender Roland.

c) Vor keinem Roland und auch sonst vor nichts.

Auswertung:

1. a = 0.3, b = 1, c = 5
2. a = 7, b = 0, c = 1.2
3. a = 0.5, b = 6, c = 6.5
4. a = 4, b = 5, c = 6
5. a = 2, b = 5, c = 3
6. a = 1, b = 0, c = 5
7. a = 6, b = 3, c = 1.5
8. a = 3, b = 0.3, c = 3.3, d = 3.4
9. a = 5, b = 0.2, c = 7

8.8
Bleiben Sie, wo der Pfeffer wächst. Sie werden nirgends glücklich.

8.8 bis 13.2
Tun Sie sich Mecklenburg-Vorpommern nicht an. Versuchen Sie's mit dem Chiemsee.

13.3 bis 20.6
Wenn's Ihnen mal schlecht geht, Sie nichts zu verlieren haben, also, warum nicht!?

20.7 bis 35.9
Jepp. Sie kämen in Mecklenburg-Vorpommern zurecht. Wenn Ihnen manchmal etwas fehlt im Leben, könnte das ein Ort sein wie Mecklenburg-Vorpommern, das Meer, ein Fischkopp, Ruhe und Natur.

36.0 bis 50.8

Womöglich werden Sie's nicht tun, aber Sie sollten Ihren Job kündigen und Ihre Familie und Freunde überreden, eine Kommune in Mecklenburg-Vorpommern zu gründen. Sie könnten gemeinsam ein Gutshaus kaufen und aufpäppeln. Sie würden's nicht bereuen.

50.9

Wenn Sie nicht in Mecklenburg-Vorpommern das Licht der Welt erblickt haben, dann hat sich der liebe Gott bei Ihnen vertan. So was kommt vor. Sie befinden sich wahrscheinlich zur richtigen Zeit im richtigen Körper, aber am falschen Ort.

Bereits erschienen:
Gebrauchsanweisung für...

01/0004/02/L

01/0005/02/R

01/0006/02/L

PIPER

Jakob Hein

Gebrauchsanweisung für Berlin

192 Seiten. Gebunden

Man kann Berlin an seinem Duft erkennen! Und zwar jedes
einzelne Viertel. Glauben Sie nicht? Jakob Hein beweist es
Ihnen, denn er erkennt jeden Kiez an seinem Aroma. Mit allen
Sinnen führt er uns durch die Stadt, die es einmal zweimal
gab und die mehr als nur eine »Mitte« hat, denn für jeden Berliner ist sein Viertel das Zentrum der Welt. Für uns kostet
Jakob Hein Currywurst, Döner und Buletten, besucht die lite-
rarischen Klubs und die Kneipen des Szeneviertels Prenz-
lauer Berg. Er lauscht der Berliner Schnauze und wirft ein-
sichtsreiche Blicke über die Hecken der Wilmersdorfer
Laubenpieper und auf die rauchenden Grills im Tiergarten.
Das ist die Berliner Luft!

01/1710/02/R

PIPER

Antje Rávic Strubel
Gebrauchsanweisung für Schweden

240 Seiten. Gebunden

Eine alte Villa in Värmland, inmitten der Wälder, unweit von
Selma Lagerlöfs Wohnhaus: Antje Rávic Strubel spürt
ihrer Sehnsucht nach – und begegnet dabei Pippi Langstrumpf, Männern mit Kinderwagen und fast keiner
Mücke. Sie verrät, warum man Holzhäuser knallrot an-
streicht; wie Wintersport zum Volksfest wurde; und womit
Köttbullar und Safrankuchen am besten schmecken. Weshalb
es in Schweden kaum Ikea-, aber so viele Antikmärkte und
Designer gibt. Dass schon die Nationalhymne von der Liebe
zur Natur erzählt. Warum der Wodkagürtel so locker sitzt
und der Polarkreis gleichzeitig in zwei Richtungen wandert.
Was Gotland zum Paradies für Individualreisende macht.
Wie es um die supersoziale Marktwirtschaft bestellt ist. Und
was Sie tun sollten, wenn Sie beim Himbeerpflücken von
einem Elch überrascht werden.

01/1804/01/L